民族之魂

克己复礼

陈志宏◎编著

延边大学出版社

图书在版编目（CIP）数据

克己复礼 / 陈志宏编著 . —— 延吉：延边大学出版社，2018.4（2023.3 重印）

（民族之魂 / 姜永凯主编）

ISBN 978-7-5688-4516-8

Ⅰ . ①克… Ⅱ . ①陈… Ⅲ . ①品德教育—中国—青少年读物 Ⅳ . ① D432.62

中国版本图书馆 CIP 数据核字（2018）第 069118 号

克己复礼

编　　　著：陈志宏
丛 书 主 编：姜永凯
责 任 编 辑：王　静
封 面 设 计：映像视觉
出 版 发 行：延边大学出版社
社　　　址：吉林省延吉市公园路 977 号　　　邮编：133002
网　　　址：http://www.ydcbs.com　　　E-mail：ydcbs@ydcbs.com
电　　　话：0433-2732435　　　　　传真：0433-2732434
发行部电话：0433-2732442　　　　　传真：0433-2733056
印　　　刷：三河市同力彩印有限公司
开　　　本：640×920 毫米　　　　1/16
印　　　张：8　　　　　　　　　字数：90 千字
版　　　次：2018 年 4 月第 1 版
印　　　次：2023 年 3 月第 2 次印刷
ISBN 978-7-5688-4516-8

定价：38.00 元

人有灵魂，国有国魂；一个民族，也有民族魂。

鲁迅先生曾经说过："唯有民魂是值得宝贵的，唯有他发扬起来，中国才有真进步。"

鲁迅先生以笔代戈，战斗一生，曾被誉为"民族魂"。

民族魂，顾名思义，就是一个民族的灵魂！民族魂，是一个民族的精髓，体现了一种民族的精神，是一个民族生存和存在的精神支柱。

什么是中华民族的民族魂？那就是中华民族精神！它是中华民族凝聚力的理念核心，是中华文明传承的基因。它包含热烈而坚定的爱国情感，对生活的美好愿望和追求，为目标努力奋斗的拼搏毅力，为正义事业不惜牺牲自己的精神，以及正确的人生观和价值观。

前 言

翻开浩瀚的中国历史长卷，我们可以看到数不胜数的，体现民族精神和民族魂的英雄人物和可歌可泣的感人故事。

民族魂，不仅体现在爱国主义精神和行动中，而且体现在各个领域自强不息的民族奋斗中。而中华民族精神的力量，更是深深植根于延绵几千年的传统文化之中，始终是维系中华各族人民共同生活的纽带，是支撑中华民族生存和发展的精神支柱，是不断推动中华民族前进的强大动力。

民族魂体现在"重大义，轻生死"的生死观中；民族魂体现在"国家兴亡，匹夫有责"的使命感中；民族魂体现在"我以我血荐轩辕"的大无畏精神中；民族魂

体现在将国家利益置于最高的爱国情怀中！

纵观中华五千年文明史，曾经有多少杰出的政治家、军事家、思想家、文学家、科学家、艺术家；曾经有多少忧国忧民、鞠躬尽瘁的仁人志士；曾经有多少抗击外敌、英勇献身的民族英雄。他们或顺应历史潮流，积极改革弊政，励精图治，治国安邦，施利于民；或为人类进步而不断进行着农业、工业、科技、社会等各种创新；或开发和改造河山，不断创造着灿烂的中华文明；或英勇反击外来侵略，捍卫着国家主权和民族尊严；或坚决反对民族分裂，维护国家的统一……他们从不同的侧面，体现了中华民族的民族魂，谱写了几千年中华文明的壮丽诗篇，铸造了中华民族高尚而坚不可摧的"民族之魂"。

民族魂，就是爱国魂。 从屈原在汨罗江边高唱的《离骚》，到文天祥大义凛然赴死前的"人生自古谁无死，留取丹心照汗青"的诗句；从岳飞的岳家军抗击入侵金兵，到郑成功收复台湾；从血雨腥风的鸦片战争，到硝烟弥漫的十四年抗战，再到抗美援朝的隆隆炮声……哪个为国捐躯的英雄不是可歌可泣的？

民族魂，就是奋斗魂。 从勾践卧薪尝胆，到司马迁秉笔直书巨著《史记》；从鉴真东渡传播佛法终在第六次成功，到詹天佑自力更生建铁路；从袁隆平百次实验成为"水稻之父"，到屠呦呦的青蒿素获得诺贝尔奖……哪个不是历经艰难，最终取得成功？

民族魂，就是改革献身魂。 从管仲改革到商鞅变法；从王安石变法到百日维新……哪次变法图强不是要冲破

民族之魂

旧势力的阻挠，或流血牺牲？

民族魂，就是创新魂。古有毕昇发明活字印刷，今有王选计算机照排；古有指南针、造纸术、火药、浑天仪、地动仪的发明，今有神舟号的相继飞天……哪个不是中华民族的智慧结晶？

自古以来，多少仁人志士为了维护人格的尊严和民族气节，以生命为代价！留下了"玉可碎不可污其白，竹可断不可毁其节"的称颂；有多少英雄豪杰，为理想和事业奋斗，面对死亡的威胁，大义凛然；有多少爱国壮士面对侵犯祖国的列强，挺身而出而献出生命。

前 言

伟大的中华民族孕育了五千年的辉煌，五千年的历史留下了璀璨的中华文明。

中国人的血脉流淌着顽强不屈的精神！我们的先辈用血汗和生命铸就了不朽的中华民族魂！换得如今中华大地的一片祥和安宁，换得我们现在的幸福生活。如今，我们要实现习近平主席提出的中国梦，依然需要我们秉承祖辈留下的这种"民族魂"。

青少年是国家的希望，亦是民族的未来。因此，爱国主义教育和励志图强教育要从青少年开始。为了增强对青少年的民族精魂和志向教育，我们精心编写了本套丛书——《民族之魂》丛书。

本套丛书将我国有史以来体现民族精神和民族魂的典型事迹，以通俗易懂的语言故事形式展现出来，适合青少年的阅读水平和欣赏角度。书中提供的人物和事件等故事，涉及社会的各个方面，有利于青少年学习和理

解，使读者能全方位地领悟中华民族精神。

为了帮助读者更好地理解和吸收故事的精神，编者在每篇故事后还给出了"心灵感悟"，旨在使故事更能贴近现实社会，让读者结合自身的需要学习领会，引发读者更深入的思考。

希望读者们可以从本套图书中获得教益，通过阅读，真正体会到中华民族之魂所在，同时能汲取其精华，不断提升自己各方面的素质和品格，为祖国新时代的建设和发展做出努力。

全套丛书分类编排，内容详尽，风格独具，是广大读者尤其是青少年爱国励志教育的优秀阅读材料。相信本套丛书一定可以成为青少年朋友的良师益友。

民族之魂

导言

　　克己向善是中华民族的传统美德之一。克己就是以良好的道德准则约束自己，向善就是在言行上自觉地向好的方面倾向。

　　改过迁善是佛家和儒家关于道德修养的思想主张，一直为我国传统文化所倡导，著名经典《易经》中就有"君子见善则迁，有过则改"之语。一个人一生中不可能不犯错误，但怎样对待错误最重要。早在春秋时期，就有"人孰无过，过而改之是大焉"的观点。孔子曾有："过则无惮改，而不改是谓过矣。"人不怕有过失，只怕知错不改，有过能改，就是最大的善；有过而不改才是真错误。只有具备了改过迁善能力的人，才算是一个有自我意识的人。每个人都有缺点，这就是为什么我们要接受教育。接受教育可使我们有能力认识自己的缺点并加以改正，这就是进步。

　　克己向善也是要我们常思律己，修身立德。人在行事过程中，就是要律己为先，增强自我意识，这也是做人的基本准则。古人讲：德以养心。何以贵德，唯有律己。律己与贵德也是衡量一个人品质的重要尺度，在某种程度上还决定一个人的事业成就、家庭和睦以及身心健康。人若放纵自己，就会导致言行失衡。有的人明知自己的言行是违法犯罪，却依然一意孤行、以身试法；有的人重病在身，也绝不向病魔屈服，令人感慨。所以，"律己修身，贵德养心"一直被奉为训诫。

克己向善还要廉洁自律。一个正直廉洁的人，会时时事事严格要求自己，不因利微而起贪，不因善小而不为。一些因贪婪而遭受惩罚的人往往哀叹自己的运气不好，其实，是他们被贪念冲昏了头脑。有因才有果，如果没有自己种下的恶因，何来日后所结的恶果呢？那些蝇营狗苟总想着占集体和国家便宜的人，伸手必被捉。不义之财正如鱼钩上的香饵，一旦吞下去，想吐也吐不出来，只能听他人的摆布。那些把法律道德抛诸脑后，做出损公肥私勾当的人，最终只会是害人害己，小则丢掉工作、颜面尽失，大则身败名裂、身陷囹圄。要想保持身正廉洁、不被腐化，就要加强学习，提高自己的道德意识和修养，增强对各种诱惑的抵抗力。

本书中，我们精心选编了一些体现"克己向善"精神的经典故事，希望读者通过阅读此书，能够更深刻地理解它的内涵意义，从而有所领悟并受到启迪。在自己的日常生活和学习工作中，也能够以他们为楷模，做到洁身自好，真诚秉直，不断地完善自我，抵制各种不良诱惑，抵制社会上的歪风邪气，做一个有高尚品德的人。

目录
CONTENTS

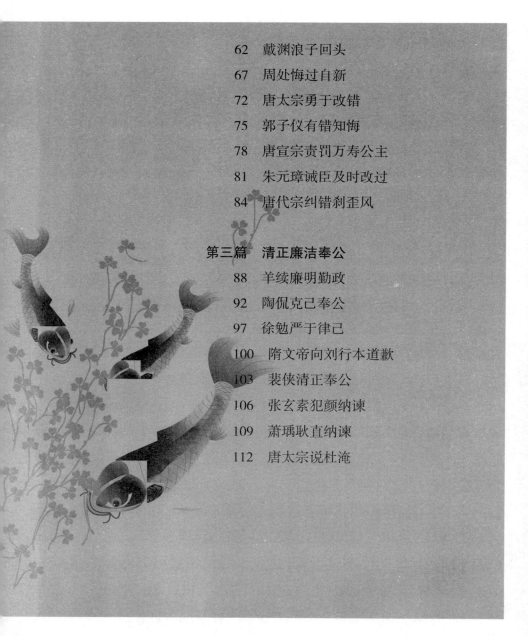

第一篇

自律修身守德

穆姜慈心做继母

李穆姜，字穆姜，是汉中程文矩的妻子，同郡李法的姐姐。八十多岁离世，是当时少有的高龄女性。《后汉书·列女传》有其记载。

汉代安众令汉中程文矩的妻子李穆姜有两个儿子，而她丈夫前妻的四个儿子认为李穆姜不是生身母亲，便越来越憎恶她。可是穆姜慈爱温和，抚养他们始终尽心尽力，给他们分配衣食的时候，总是比给她的亲生儿子多。

有人劝她说："这四个孩子这么不孝顺，你为何不迁居别处远离他们呢？"

穆姜说："我正以仁义道德教导他们，让他们自己弃恶向善。"

后来，丈夫前妻的长子兴疾得了重病，境况十分困顿，穆姜很心疼他，亲自为他熬药调膳，悉心照料。

这样过了很久，兴疾康复之后，他叫来三个弟弟，对他们说："继母慈祥仁爱，出自天性。我们兄弟不懂得她的恩养之情，心如禽兽，继母的仁爱日渐加深，而我们的罪过也更加深重了！"

于是，他带着三个弟弟来到南郑监狱，陈述继母的优良品德，供述自己的罪过，请求官府治罪。县令将这件事禀报郡守，郡守没有治他们的罪，还表彰了他们的后母，免除了他们的徭役，令他们兄弟回家，允许他们改过自新。此后，穆姜训导儿子愈加严明，这兄弟几个后来都成为令人称道的良士。

■故事感悟

穆姜虽为继母，但她深明大义，贤惠善良，对待别人的孩子胜过亲生。她是中国古代贤妻良母的典型代表，也是后代为人母者的光辉榜样！

■史海撷英

曹操迁都许城

196年，曹操将汉献帝迎入许城。从那时起，许城便成了东汉临时的都城，因此改称为许都。

在许都，曹操给汉献帝修建了宫殿，献帝便正式上朝了。曹操自封为大将军，从此以后，曹操便以汉献帝的名义向各地州郡豪强发号施令。

然而日子一久，由于要支付大批官员和军队的粮食供应，许都的粮食出现困难。经过10年的混乱，到处都在闹饥荒，如果粮食问题得不到解决，大家也就无法再在许都待下去了。

这时，有个名叫枣祗的官员给曹操提出一个办法，叫做"屯田"。他让曹操把流亡的农民都召集到许都郊外开垦荒地，农具和牲口由官府提供。每年收割下来的粮食，官府和农民平分。

曹操接受了枣祗的建议，下令实行屯田。不久，许都附近的荒地就开垦出来了。一年以后，原本已经荒芜的土地获得了粮食大丰收。

随后，曹操又以皇帝的名义号令天下诸侯，采用屯田的办法解决了军粮供应问题，还培养了荀攸、郭嘉等一批有才能的谋士，为日后的霸业奠定了基础。

■文苑拾萃

薤露行

（东汉）曹操

惟汉廿二世，所任诚不良。
沐猴而冠带，知小而谋疆。
犹豫不敢断，因狩执君王。
白虹为贯日，己亦先受殃。
贼臣持国柄，杀主灭宇京。
荡覆帝基业，宗庙以燔丧。
播越西迁移，号泣而且行。
瞻彼洛城郭，微子为哀伤。

陈仲修身立贤德

陈仲（生卒年不详），名定，也叫陈仲子、田仲、於陵中子等。山东邹平人。战国时期齐国贵族田氏的后裔，其兄是齐国的卿大夫，封地在盖邑，年收入达万钟之多。

陈仲是战国时期的著名贤士。他自幼便生长在一个贵族家庭中，故而也目睹了贵族阶级内部肮脏糜烂的腐朽生活，以及对广大下层人民的残酷剥削和压榨。陈仲的哥哥是齐国的卿大夫，俸禄很多，其中多有不义之财。他很憎恨哥哥公开行贿受贿、不讲道德的行为，又深深感到凭借个人力量根本无法来改变社会。

有一天，陈仲的哥哥接受了别人贿赂的几只鹅，得意洋洋地在母亲面前炫耀。陈仲知道后，便公开指责哥哥的不正当行为。可当陈仲不在家时，母亲却把这只鹅杀了，还做成菜，陈仲没在意就吃下去了。这时，他的哥哥便借机发挥，说："你不是看见我收的礼物生气吗？那为什么还跟着我一起吃这不干净的东西呢？"陈仲听后，十分生气，就跑出去，将手伸进喉咙使劲抠，直到把鹅肉全部吐了出来。后来，他毅然与兄长决裂，与妻子搬到沂蒙山附近隐居去了。

陈仲夫妻两人终日以织鞋绩麻为生，生活虽然穷困，但却乐在其中，绝不无原则地谋求索取他人的东西，不义之食不吃，但求无愧于心。有一年闹饥荒，家中三天没有粮食吃，陈仲一家靠吃树上的虫子才得以活命。

楚王听说了陈仲的贤德后，便特地派使者带上重金去请他出仕为相。

陈仲同妻子商量说："楚王想拜我为宰相，我如果今天成为宰相，明天就可乘驷马高车，食丰盛佳肴，你看怎么样呢？"

妻子说："你现在左琴右书，乐在其中。虽然做官可以乘驷马高车，但所坐的地方不过容纳双膝之地；虽然每天有丰盛佳肴在前，但只不过一碗肉就饱了。现在如果为了那容膝之地和那一碗肉，去怀楚国之忧，现在乱世多害，恐怕你不保性命啊！"

于是，夫妻两人出来向使者道谢后，就偷偷搬到长白山一带居住去了。

陈仲还十分严格地要求自己要克己修身。有一年天气大旱，没有水喝，陈仲一大早就背着瓦罐到十里外的地方去取水。水本来就不多，被陈仲取完后，已经所剩无几了。这时，其他取水的人也来了，他们见水已经没了，都长吁短叹，抱怨自己来晚了。

陈仲见此情景后，十分后悔，连声责怪自己不应该跑到大家前头来抢水，随后便叫住要空手而返的乡民，将自己的水全部分给他们。分完水后，陈仲将自己的瓦罐打碎，并且回去后多天不喝水，以此来警醒自己去掉这颗在利益面前喜欢抢先的私心。

有一次，陈仲在梦中偷拔了同村人的菜，并炒着吃了，醒来后他十分懊悔，认为是自己的思想深处有不好的想法。为此，他感到非常不安，打算去还给人家钱，但自己又没钱，于是拿了一双自己编的草鞋去送给了同村人。同村人听了事情原委后坚持不肯收，争执再三后，陈仲放下鞋就走了。这双鞋放在那里很多年都没有人动，当地人都以此为例来教育子弟。

■故事感悟

陈仲克己省身，始终保持纯洁的心灵不受污染。他对物欲横流的浊世深恶痛绝，提醒人们不要为世俗所迷惑。更令人感动的是，他能身体力行，为后人留下了许多修身立德的佳话。

■史海撷英

陈仲买瓜

有一次，陈仲在睡梦中口渴异常，四处找水不得，恍恍惚惚间摘了邻居家的一个甜瓜吃了。醒来以后，他明知是梦，还是觉得良心不安，赶忙到街上买了一个甜瓜，亲自送到邻居家中。人家不接受，他百般请求人家收下，然后才安心地回到家中。

■文苑拾萃

池中双鸭甚驯笼赠古灵陈仲

（宋）李洪

双凫荡漾小池幽，荷叶田田两见秋。
却恨主人官满去，荒陂野水狎轻鸥。

曹丞相削发自罚

曹操（155—220），字孟德，一名吉利，小字阿瞒。汉族。沛国谯（今安徽省亳州市）人。中国东汉末年著名的军事家、政治家和诗人，三国时代魏国的奠基人和主要缔造者，后为魏王。其子曹丕称帝后，追尊为魏武帝。

三国时期，魏国曹操从军营归来，一路上看到农民逃难，田地荒芜，不由得皱起了眉头。他想，连年战乱，农民住不安、衣不暖，食不果腹，只有外出逃荒。

"这样下去，怎么得了！"他自言自语地说了一句。

回到大营后，他默默地坐下，在思考着今后的出路。

侍卫来报："丞相，谋士枣祗求见。"

曹操不耐烦地说："告诉他，今日我稍有不适，隔日再来吧。"

侍卫出去一会儿，又进来禀报："丞相，枣祗仍要求见。"

曹操生气了，说："我不是已经说过了，我不舒服，隔日再来会见吗？"

侍卫说："我说了，可他要见。"

曹操又问："为什么？"

侍卫说："他说，他知道丞相不舒服，他就是为丞相不舒服来的。"

曹操一惊，说："唔？为了我不舒服？他怎么事先知道我不舒服？"

曹操是十分爱才的，于是想了想，就说："好吧，请他进来。"

侍卫出去传话。

枣祗的身材偏瘦，长脸，双目炯炯有神。他走进大营，施礼说："枣祗拜见丞相。"

曹操还礼，说："请坐。"

枣祗坐下，望着曹操，说："丞相今日不适，是心中有事吧？"

曹操不喜欢别人捉摸他的心思，因此脸上掠过一丝不快，问："我没有什么不愉快的事，只是觉得有些劳累罢了。"

枣祗微笑，点点头说："我知道，丞相为今后的粮食发愁。连年战乱，百姓逃难，耕地荒芜，粮食歉收，农民饥饿，将士无食，这样国不安宁，仗也无法打下去了。"

曹操见枣祗说的正是自己想的，心中有几分佩服。但是他没动声色，转头望望窗外，停了一会儿，说："你说得不错，确是如此。那么，你说怎么办好呢？"

枣祗向前探探身子，说："我以为，有一个办法可以解决。"

曹操急忙问："什么办法？"

枣祗稍稍提高点嗓门，说："让士兵在闲暇时去种田，并发布命令，人人都要爱护庄稼，就可以有粮食了。"

曹操听后，点点头，说："嗯，很好，很好，是个好办法。"

曹操采纳了枣祗的建议，让没有打仗任务的士兵们种田耕地。这就是有名的"屯田"。

果然，几个月后，荒芜的田地里长出了庄稼，长得最好的是那些麦田。

曹操看到快要成熟的麦子，心中十分高兴，他再次下令："严禁毁坏麦田，违者杀头！"

过了一些日子，曹操要率兵去打仗了。出发前，他警告众将士说："我已经三令五申，不要踩坏麦田。请所有将士注意，若有违反，杀无赦！"

大队人马出发了。将士们走在田间路上，都十分小心，曹操骑在马上，在前边走着。

突然，一群小鸟从麦田里飞起来，曹操骑的战马受了惊，猛地跳起来，然后向前冲去。

那马在麦田里跑着，踩坏了一大片麦子。

曹操急坏了，费了好大劲，才在侍卫们的帮助下勒住了惊马。曹操从马上跳下来，望着被踩坏的麦田，十分惭愧地说："都怪我！都怪我！"说着就去扶那些被踩倒的麦子，但怎么都扶不起来。

他对军法官说："我违犯了军令，请按军法治我的罪吧！"

军法官望望麦田，又望望曹操，为难地说："丞相，您是全军的主帅，怎么能治您的罪呢？"

曹操大声说："不许践踏麦田，是我定的军纪，我自己却不遵守，哪里还能让大家信服呢！"

说着，他拔出了宝剑，接着说："我身为主帅，不能自杀，就把我的头发割下来代替砍头吧！"说罢，他用剑割下了自己的一缕头发，递给军法官，让军法官拿着去示众。

将士们对曹操严格要求自己都十分佩服，纷纷说："曹丞相不是故意践踏麦田，战马受惊是意外事故尚且如此，我们今后千万不要违犯军纪啊！"

■故事感悟

作为古代军事家、政治家的曹操，不仅知道法纪的重要性，也知道在法纪面前不能搞特殊，否则后果将十分严重。这就是他割发示众的原因。这不仅表现出曹操严于律己的品德，还表现了他作为一位英雄人物的宽广胸怀。

■史海撷英

曹操击退关羽

建安二十一年（216年）四月，汉天子册封曹操为魏王，邑3万户，位在诸侯王上，奏事不称臣，受诏不拜，以天子旒冕、车服、旌旗、礼乐郊祀天地，出入得称警跸，宗庙、祖、腊皆如汉制，国都邺城，王子皆为列侯。曹操名义上还为汉臣，实际上已经是皇帝了。

建安二十四年（219年）七月，曹操刚从汉中撤出，刘备的大将关羽就从荆州向曹操的东南防线襄、樊一带发动了进攻。曹操闻知，立刻派大将于禁率兵前往援助。八月，关羽趁洪水泛滥之机，大破于禁所统的七军，擒于禁，斩庞德，乘势进军，将樊城团团围住。当时，樊城的曹军只有数千人，城被水淹，水面离城楼仅有数尺，曹仁率军死守。随后，曹操又派徐晃领兵去救樊城。十月，曹操从关中赶到洛阳，亲自指挥救援樊城。

当时，孙权因为关羽处其上游，不愿意让关羽的势力发展，而且他早有攻取荆州之心，于是联结曹操，准备以大将吕蒙偷袭荆州要地江陵。曹操接到信后，将这一消息通知给曹仁，命他继续坚守，自己进至摩陂（今河南郏县东南），临近指挥，又派兵十二营增援徐晃，命他反击关羽。不久，吕蒙偷袭江陵得手，关羽撤兵，在路上被孙权的部队擒杀。

气出唱（其一）

（东汉）曹操

驾六龙，乘风而行。

行四海，路下之八邦。

历登高山临溪谷，乘云而行。

行四海外，东到泰山。

仙人玉女，下来翱游。

骖驾六龙饮玉浆。

河水尽，不东流。

解愁腹，饮玉浆。

奉持行，东到蓬莱山，上至天之门。

玉阙下，引见得入，

赤松相对，四面顾望，视正焜煌。

开玉心正兴，其气百道至。

传告无穷闭其口，但当爱气寿万年。

东到海，与天连。

神仙之道，出窈入冥，常当专之。

心恬澹，无所愒。

欲闭门坐自守，天与期气。

愿得神之人，乘驾云车，

骖驾白鹿，上到天之门，来赐神之药。

跪受之，敬神齐。

当如此，道自来。

失街亭诸葛亮自降三级

诸葛亮（181—234），字孔明，号卧龙（也作伏龙）。汉族。琅琊阳都（今山东临沂市沂南县）人。蜀汉丞相，三国时期杰出的政治家、战略家、发明家、军事家。在世时被封为武乡侯，谥曰忠武侯；后来的东晋政权为了推崇诸葛亮的军事才能，特追封他为武兴王。代表作有《前出师表》《诫子书》等。此外，诸葛亮还发明了木牛流马、孔明灯等。

诸葛亮辅助蜀主刘禅治理国家，发展生产，严明法纪，任用贤能，成果极为显著。几年里，蜀地社会安宁，百姓生活水平也有了较大提高。于是，诸葛亮决心实现自己早已有的愿望，出兵北伐，统一中原。

诸葛亮做了充分的准备，并且写了著名的《出师表》，表达了自己"鞠躬尽瘁，死而后已"的决心。

街亭，一向都是蜀军与魏军的必争之地。这一交通要道派谁去把守呢？诸葛亮思来想去，选中了很有才华的马谡。

诸葛亮唤来了马谡，对他说："我有一项重要任务交给你，你务必完成。"

马谡点头，说："丞相放心，马谡当以死向前，竭尽全力。"

诸葛亮说："派你去把守街亭，那是极重要的交通要道，万万不可大意。你要记住一件事：街亭地处要道，你一定要驻军路口，阻挡魏兵，千万不可将军营安置在山上。"

"丞相放心，我记住了。"

诸葛亮虽然再三叮嘱，可马谡并未完全放在心上。他想，守住街亭有什么了不起，小小一桩差事，哪儿还有什么完不成的？

马谡做好准备工作，便率领兵马出发了。来到街亭，他视察了地形，对副将王平说："我看，丞相说得并不都对。"

王平问："将军此话怎讲？"

马谡说："你看，这路旁有座小山，在山上扎营，居高临下，才是最合适的。"

王平说："我们来时，丞相再三叮嘱，一定扎营在路口，您忘了？"

马谡自负地哈哈一笑，说："我没有忘。我只是认为，丞相不一定说得就都对。我们将军营扎在山上，能攻能守，有什么不好？"

王平想了想，说："不可以。丞相所言，务必请你三思。你若驻扎山上，万一敌人包围你，怎么办？"

马谡说："那不怕，我们可以守，可以突围。"

王平说："山上没有水，怎么办？"

马谡说："嘿，你就是前怕狼、后怕虎，你不知道兵法中'置之死地而后生'的道理吗？我看，不必再争了，就这么定了：大营扎在小山上。"

王平严肃地反驳："我认为不可以。"

马谡也厉声说:"我认为可以!"

"扎在路口!"

"扎在山上!"

两员大将争得面红耳赤,最后,还是主将说了算,军营扎在了山坡上。

果然,正如诸葛亮预测的那样:魏兵来攻打街亭了。

魏国大将张郃率领大军浩浩荡荡地开了过来。张郃远远观察后,说:"诸葛亮果然比我们先到一步,占领了街亭,不愧为当今奇才。"

他望着蜀军军营,突然笑了,说:"怪哉!蜀兵怎么将军营驻扎在小山包上了?这本是兵家之大忌呀!"

说罢,张郃立即调兵遣将,将小山严严实实地包围起来。这一包围,就断了马谡的水路和粮路。没有水,没有粮,军心大乱,马谡才开始后悔,几次带兵突围都失败了。

张郃围了几天之后,便开始放火烧山。马谡营房失火,兵士纷纷逃窜,终于全军覆没。

街亭丢失了,马谡在王平的救援下逃了回来。

他一走进军帐,便低头跪在地上,痛哭失声:"丞相,我没有听您的话,大败而归,对不起您!"

诸葛亮气得跺脚,大声叹息道:"马谡呀马谡,你可误了大事!街亭丢失,此次北伐等于前功尽弃。都怪我用人不当!"他忍着心中的悲痛,下令将马谡关进狱中。按照当时军中的法律,马谡当是死罪。

马谡被斩前,恳求诸葛亮,说:"丞相,我罪有应得,死而无怨。只是家中尚有老母,放心不下。"

诸葛亮说:"你放心吧,由我来照看她。"

马谡被杀了,诸葛亮终于忍不住流下了眼泪。

一位将军问："丞相，杀了马谡，您是不是觉得可惜？"

诸葛亮说："不。统率军队没有法不行呀！马谡之死，罪有应得，我不是哭他，我是恨我自己看错了人，用错了人。这次惨败，完全是我的过失。马谡违犯军令被处死，可我也有错呀，我也应受到惩罚。"

于是，诸葛亮主动上书给蜀后主刘禅，检讨自己的错误，要求把自己的官职降下三级。他诚恳地对大家说："你们看到我不对的地方，务必马上告诉我。大家齐心协力，我们的大业才能成功。"

■故事感悟

诸葛亮是古代一位杰出的军事家、政治家。街亭失守后，他挥泪斩马谡，又主动检讨自己的过失，将自己的官职降三级，充分表现出了他严于律己的高风亮节。诸葛亮身为一国丞相，仍然严格要求自己，可见克己明德是他一生的追求。

■史海撷英

五丈原的历史沿革

五丈原位于陕西省宝鸡市的岐山县境内，高20余米，面积约12平方公里，南依棋盘山，北临渭河，东西两面为河流冲的深沟，形势险要。

三国时期，诸葛亮曾在五丈原与司马懿对阵，后因积劳成疾病逝于五丈原，五丈原也由此而闻名于世，成为三国时期诸葛亮的最后一个战场。

234年，诸葛亮率兵由汉中出发，穿过秦岭，进驻五丈原。刚刚来到这里时，因粮草不足，他就先屯田练兵，待机伐魏。魏将司马懿深知诸葛亮神机妙算，在渭河北岸固守，不敢贸然出兵。双方在五丈原相持百天不战，最后诸葛亮不得不引诱魏兵入葫芦沟作战，并放火烧断了谷口，想大败魏将司马懿。没想到的是，天突然降了一场大雨，魏军死里逃生。

同年秋天，诸葛亮病死军中，蜀军败退。当司马懿进兵诸葛亮指挥作战的地方时，看到蜀军阵地之险要，不由得惊叹道："天下奇才也。"后人为了纪念诸葛亮，便在这里修建了寺庙。

■ 文苑拾萃

游诸葛武侯书台

（宋）陆游

沔阳道中草离离，卧龙往矣空遗祠。
当年典午称猾贼，气丧不敢当王师。
定军山前寒食路，至今人祠丞相墓。
松风想象梁甫吟，尚忆幡然答三顾。
出师一表千载无，远比管乐盖有余。
世上俗儒宁办此，高台当日读何书？

赵云自守不为色惑

赵云（？—229），字子龙。三国常山真定（今河北正定县南）人。起初跟随公孙瓒，后来归于刘备。曹操取荆州，刘备败于当阳长阪，他力战救护甘夫人和刘备之子刘禅。刘备得益州，赵云被任为翊军将军。建兴六年（228年），从诸葛亮攻关中，分兵拒曹真主力，以众寡不敌，退回汉中，次年卒。他曾以数十骑拒曹操大军，被刘备誉为"一身都是胆"。

三国时，赵云随刘备打天下。他不仅作战勇猛，对主公忠心耿耿，而且作风廉洁，不好金钱和美女。

有一次，赵云攻下桂阳，取代了太守赵范。假装投降的赵范为了拉拢赵云，便想将守寡的嫂子樊氏许配给他。樊氏生得天姿国色，可赵云一点儿也不动心。他说："我与赵范是同姓，他的兄长犹如我的兄长，当弟弟的怎能娶嫂为妻呢？"

后来又有人劝说赵云："还是娶了樊氏吧，这么美丽的女子天下少有"。

赵云直截了当地说出不娶的原因："樊氏虽美，但她是赵范家的人。赵范虽已投降，但那是出于被迫，并不能表明他的心已忠于我们。天下美女多的是，我为什么非要娶一个降臣家的人为妻呢？"

后来，果然不出赵云所料，赵范从蜀地逃跑，背叛了刘备。

■故事感悟

俗话说，"英雄难过美人关"，而赵云在美女面前却毫不动心。他深知应当怎么做才对，表现出了英雄人物的英雄气概，值得后人学习。

■史海撷英

赵云忠肝义胆

建安十三年（208年），刘备被曹操打败，向南逃往江陵。曹操派麾下精骑快马追赶，终于在当阳的长阪附近追上了刘备。此时情势危急，刘备为了逃脱，便丢下自己的妻儿，仅带着张飞、诸葛亮和赵云等数十骑向南逃逸，这时赵云却反而向北进入曹军阵势之中。

当时，有人看到赵云向北而去，便对刘备说，赵云必定是向北投靠曹操去了。刘备闻言，用手戟掷那告状的人，大声说："子龙是不会弃我而去的！"

不久后，赵云果然回来了，而且还救回了刘备的幼子刘禅和妻子甘夫人。刘备十分感激，之后便任命赵云为牙门将军。

■文苑拾萃

叹子龙

佚　名

当年玄德走江陵，路次当阳少甲兵。
忽被曹瞒驱铁骑，军民打落尽逃生。

赵云独仗英雄气，舍命浑如落叶轻。
枪搅垓心蛇动荡，马冲阵势虎飞腾。
怀中抱定西川主，紫雾红光射眼明。
斩将夺旗世罕比，擎天保驾功业成。
我来少憩长坂下，斑斑沙草血犹腥。
子龙子龙在何处？仰天长叹三两声。
全忠全义真称羡，永远标题翰墨青。

唐太宗听劝纠错

王珪（570—639），字叔玠。扶风郿（今陕西眉县）人，系出太原王氏的高门。北魏时，王珪先祖曾任护乌丸校尉（乌丸即乌桓，东胡别种，汉末被曹操所破，遗裔遂居嫩江之北。护乌太校尉乃监护乌丸的长官），因号"乌丸王氏"。王珪一生崇尚儒学，以儒家忠孝仁义礼等自励，是唐初有名的诤臣之一，与房玄龄、杜如晦、李靖、温彦博、戴胄、魏征等人同为"贞观名臣"。

贞观二年（628年）十二月的一天，唐太宗与侍中王珪闲谈。

唐太宗指着身旁的一个侍女说："她是高祖的堂弟李瑗的爱姬。李瑗杀了她的丈夫后，就把她强娶了过来。"

听了这话，王珪立即离开座位，站起身来说："这样说来，陛下以为李瑗强占了别人的妻子是对还是不对？"

唐太宗十分惊讶地说："杀了人，又强娶了人家的妻子，是对是错，这不是非常明显的吗？你为什么还要问呢？"

紧接着，王珪向太宗讲了这样一个故事："一次，齐桓公外出，路过一处郭姓家族的废墟，齐桓公问道：'郭氏家族是为什么灭亡的？'

当地的父老回答：'是因为他喜欢好的，憎恶坏的。'齐桓公又问道：'这不是很对吗？怎么会因为这个而灭亡呢？'父老们再回答：'喜欢好的，但不能真正执行；憎恶坏的，也不能真正做到，所以才灭亡了啊！'管仲认为，一个人虽然憎恶坏的，但又去做坏事，这与郭氏是没有什么不同的！"

王珪又说："今天，陛下把这名侍女留在身边，我以为陛下真像郭氏那样，口头上厌恶坏的，而实际却不能真正做到呢！"

唐太宗听了之后非常高兴，立即把那个侍女送出宫去，让她与亲人团聚去了。

■故事感悟

作为一国之君，权倾天下，唐太宗却能做到克己向善，实在可贵！这个故事也让我们明白：克己，是我们修身立德的基础。只有做到克己，才能真正做到明德。

■史海撷英

王珪评众臣

有一次，唐太宗命王珪评论朝中诸臣的优劣，王珪从容地答道："孜孜奉国，多谋善略，我不如房玄龄；能文兼武，出将入相，我不如李靖；敷奏说明，条理清晰，我不如温彦博；办事干练，案无滞留，我不如戴胄；忠诚无私，犯颜直谏，我不如魏征。然而，激浊扬清，嫉恶好善，我却比他们有一日之长。"

这番话深受唐太宗称道，太宗感慨地说："卿如常居谏官，朕必永无过失。"王珪任谏议大夫时，推诚尽节，多所献纳。

咏汉高祖

（唐）王珪

汉祖起丰沛，乘运以跃鳞。
手奋三尺剑，西灭无道秦。
十月五星聚，七年四海宾。
高抗威宇宙，贵有天下人。
忆昔与项王，契阔时未伸。
鸿门既薄蚀，荥阳亦蒙尘。
虮虱生介胄，将卒多苦辛。
爪牙驱信越，腹心谋张陈。
赫赫西楚国，化为丘与榛。

宋璟不阿权贵

唐玄宗李隆基（685—762），又称唐明皇。唐睿宗李旦的第三个儿子。他于712—756年在位，开创了唐朝的鼎盛时期。但在他统治后期，朝政腐败，终于引发了长达8年的"安史之乱"，致使唐朝逐渐衰落下去。

唐代中叶，在广州做官的宋璟接到唐玄宗的诏书，命他立即赶往京师，另有重任。

宋璟接到诏书后，不敢怠慢，日夜兼程，终于到达唐朝首都长安城。

这时，已经有人报告给唐玄宗："禀奏皇上，宋璟从广州启程，今日已到郊外。"

唐玄宗点点头，对自己的亲信、宦官杨思勖说："朕派你去，到郊外迎接他。"

杨思勖答应："是。"

杨思勖来到郊外，与宋璟见了面。宋璟依礼节问候了杨思勖，也问候了皇上等人，就再也不说话了。

进城后，两个人各自带着自己的随从骑马走着。一路上，杨思勖想方设法与宋璟搭话，可宋璟总是绷着脸，也不主动与其说话。

杨思勖说："宋大人，京师如果有什么事情要我办，请尽管吩咐。皇上很夸奖你啊！说你人品、学识都很好。我看，你是前途无量啊！"

宋璟听了杨思勖的奉承话，只是笑一笑，仍然一个字也不说。

杨思勖十分恼火，回宫后，就对唐玄宗说："皇上，我一向受到您的信任，这次又派我去迎接新宰相。可那宋璟狂妄极了，根本不把我放在眼里，竟一句话也不跟我说。我看，他这样做不仅是在侮辱我，而且也是瞧不起皇上，应该治他的罪！"

唐玄宗听了，笑笑说："是你不了解他呀。"

杨思勖问："我怎么不了解？"

唐玄宗说："正因为你得到我的信任，宋璟才不跟你说话。他不想拍你的马屁，不想讨你的好，不想拉私人关系呀！"

杨思勖顿了一声，说："唔，原来是这样。"

唐玄宗说："这才正说明宋璟是一位正直无私的大臣啊！"

■故事感悟

有的人遇到了名人、有钱人，或有官职的人，就会另眼相待，或讨好，或拍马拉关系，其目的不外乎两种：一是出于私心，为自己谋利益；二是获得心理上的满足，以为多接触些名人，仿佛自己也沾了光。宋璟恰恰把这些看得很淡，因此，杨思勖在他那里才会遭到冷遇。

■史海撷英

唐玄宗改革吏治

唐玄宗在位期间，采纳了张九龄的建议，制订了官吏的迁调制度，选取京官中有才能之士，将其外调为都督刺史，以训练他们的处事能力和行政经验，同时又选取都督刺史中有作为者，将其升为京官。这样进行内外互调，增进了中央与地方之间的沟通、了解和信任。

唐玄宗还将全国分为十五道，在各道设置采访使，以监督地方州县的官员，并考察地方官吏的政绩。

在选拔人才方面，唐玄宗对科举制度也进行了改革，限制了进士科及第的人数，以减少冗官的出现，提高官吏的整体素质。

■文苑拾萃

巡省途次上党旧宫赋

（唐）李隆基

三千初击浪，九万欲抟空。
天地犹惊否，阴阳始遇蒙。
存贞期历试，佐贰仁昭融。
多谢时康理，良惭实赖功。
长怀问鼎气，夙负拔山雄。
不学刘琨舞，先歌汉祖风。
英髦既包括，豪杰自牢笼。
人事一朝异，讴歌四海同。
如何昔朱邸，今此作离宫。
雁沼澄澜翠，猿岩落照红。
小山秋桂馥，长坂旧兰丛。
即是淹留处，乘欢乐未穷。

欧阳修主科考改文风

欧阳修（1007—1072），字永叔，号醉翁、六一居士。吉州吉水（今江西）人。北宋文学家、史学家。天圣进士，累官知制诰、翰林学士、枢密副使、参知政事。北宋古文运动的领袖，为"唐宋八大家"之一。其诗风与散文近似，语言流畅自然，其词深婉清丽。有《欧阳文忠集》，词集有《六一词》《近体乐府》及《醉翁琴趣外编》。

欧阳修生活在北宋中期，此时，宋朝建立已近百年，然而文风却还是沿袭五代那种刻意追求骈文的传统，文章污浊不振，读书人守着陈旧粗劣的成规，理论卑下，气格软弱。当时的苏舜元、苏舜钦、柳开、穆修一班人，都想要以创作来振兴文风，但是财力不足，未能实现意愿。欧阳修对当时的文风也很不满意，立志要改变这种状况。

欧阳修寄居随州时，曾得到唐朝韩愈的遗稿，读完以后心中非常钦慕，于是他苦心探求其中的奥妙，以致忘记了睡觉和吃饭，一心要快马加鞭追上韩愈，与他并驾齐驱。

欧阳修考取进士后，认识了当时的大文学家尹洙，他们一起交游，写作古文，议论人世间的事情，彼此还轮番作老师和朋友。而尹洙又与当时著名的诗人梅尧臣相识，欧阳修经尹洙介绍也与梅尧臣交游，一同作诗唱和。从此，欧阳修在学业上进步很快，并以文章超群而闻名天下。后来欧阳修入朝为官，任馆阁校勘，以后参加编修《唐书》，又自著《新五代史》，因而他的名气越来越大。有一次朝廷派他出使契丹，契丹国王派四个贵臣陪他饮宴，并解释说："这不是例行规矩，而是因为你的名声大才这样招待的。"

嘉祐二年（1057年），欧阳修奉命主持当年的科举考试。当时，读书人喜欢做险怪奇涩的文章，称为"太学体"，欧阳修对这种文体坚决予以抵制，对于写这样文章的人一律不予录取。考试录取完毕，一些轻薄的考生都等候在门外，欧阳修一出门，他们就群聚在欧阳修的马前大吵大闹，连巡街的兵士都制止不住。但欧阳修却丝毫不在意，直等他们离开才回家。从此以后，科举考试的风气有所改变。

欧阳修一方面反对晚唐以来的不良文风，另一方面又积极提倡继承韩愈的道统和文统，以致在后来形成了一场规模浩大的古文运动，开一代新的文风，欧阳修也因此一举成为当时文坛的领袖人物。

□故事感悟

欧阳修是我国古代文学史上举足轻重的人物，他在文学上的贡献对后人影响深远，但在当时，为了改变前朝的拙劣文风，欧阳修所做的努力和所承受的巨大压力却是常人难以想象的。但为了实现自己改变文风的志向，欧阳修从未退缩，最后终于开辟了一代新的文风，成为当时文坛上的风云人物。这种克己修身的坚定意志令人钦佩。

■史海撷英

欧阳修一生的成就

欧阳修一生著述相当丰富，除了文学作品外，他还研究经学的《诗》《易》《春秋》等。此外，欧阳修能不拘泥于古人之说，对这些经学著作有自己独到的见解。

欧阳修还编辑和整理了周代至隋唐的金石器物、铭文碑刻上千，并撰写成《集古录跋尾》10卷400多篇，简称《集古录》，是今存最早的金石学著作。

欧阳修的史学成就最为伟大，除参加修订了《新唐书》250卷外，又自撰了《五代史记》(《新五代史》)，总结五代的历史经验，意在引为鉴戒。

此外，欧阳修的书法也著称于世，其书法受颜真卿影响较深。朱熹称赞他："欧阳公作字如其为人，外若优游，中实刚劲。"

■文苑拾萃

踏莎行

（宋）欧阳修

候馆梅残，溪桥柳细。
草薰风暖摇征辔。
离愁渐远渐无穷，迢迢不断如春水。
寸寸柔肠，盈盈粉泪。
楼高莫近危阑倚。
平芜尽处是春山，行人更在春山外。

程颐潜心学圣人

程颐（1033—1107），字正叔。北宋洛阳伊川郡人，人称伊川先生。北宋理学家和教育家，程颢之胞弟。历官汝州团练推官、西京国子监教授。元祐元年（1086年）任秘书省校书郎，授崇政殿说书。与其胞兄程颢共创"洛学"，为理学奠定了基础，史称"二程"。

程颐小时候聪明好学，曾与哥哥程颢一起舍弃科举的机会，投在周敦颐的门下学习。他从小便博览群书，经书、子书无不精研，最终成为当时有名的学者，与其兄程颢并称为"二程"。

程颐认为，学习必须有远大的目标，即"学以至圣人之道"。他认为，圣人可学，而且能够达到圣人的境界。他在游大学时说：天地储藏精气，得五行之秀者而生人，其本原真诚而安静；在没有发展生成以前，就已具备了仁、义、礼、智、信这五性；形体生成以后，由于外界事物触碰形体而动生于其中，其中动而生喜、怒、哀、乐、爱、恶、欲这七情；七情激荡而伤其性。所以，觉悟的人约束七情使其合于中、正其心、养其性；愚昧的人就不知道这些，纵其情而至于邪僻，梏其性而至死亡。

然而求学之道，必须先明之于心，知道怎样养性，然后身体力行以求达到目标，就是所说的"自明而诚"。程颐认为，"自明而诚"之道在于"信道笃""行之果""守之固""仁义忠信不离于心"，就是要求学者无论做什么事都不忘"仁义忠信"。只有这样，才不会有邪僻之心产生。

程颐赞成古人颜渊"非礼勿视、非礼勿听、非礼勿言、非礼勿动"的克己思想，同时又指出颜渊墨守成规而不能化之的学习方法，是达不到圣人境界的主要原因。但他认为，像颜渊这样有好学之心的人，如果不是早卒，时间长了也能达到化境（指达到一定精深的程度）。

程颐认为，颜渊以后的人们之所以达不到圣人境界，就是因为不懂圣人可学的道理。他们认为圣人是生而知之，不是可以学成的，所以失去了为学之道。一些人不求之于己而求之于外，以博闻强记、巧文丽辞作为学习方法，是难以达于"圣人之道"的。所以，程颐一生严格要求自己，一言一行，都以圣人为师表，无论为人还是治学，不达圣人境界绝不罢休。

■故事感悟

正是由于程颐时刻正心克己，又掌握了正确的学习方法，最终才成为历史上著名的哲学家、教育家。我们在学习和工作的过程中，也当克己修身，只有这样，才能使自己得到更好的发展。

■史海撷英

"二程"创立"天理"学说

程颐与其胞兄程颢一起创立了"天理"学说。程颢认为："吾学虽有所受，'天理'二字确是自家体贴出来。""理"因此也成为"二程"哲学的核心思想，宋明理学也由此得名。

　　"二程"兄弟所谓的"理"，既是指自然的普遍法则，也是指人类社会的当然原则，它适用于自然、社会和一切具体事物。这样，就将儒家传统的"天人合一"思想用"天人一理"的形式表达出来了。中国上古哲学中"天"所具有的本体地位，现在开始用"理"来代替了，这也是"二程"对中国哲学的一大贡献。

赵叔平"数豆自省"

赵概（生卒年不详），字叔平。他原名赵禋，后因梦中有神人在名册中书写"赵概"二字，遂即改名。宋朝南京虞城人。官拜观文殿学士，赠太子太师，谥康靖。

北宋时期的赵叔平，自幼刻苦攻读，天圣年间考中进士。他一生注重道德修养，乐善好施，受到世人好评。

赵叔平认为，人的一生就应该多做善事，不做恶事。无论做善事，还是做恶事，都受思想支配，因此，他平时十分注重正心克己，不断清除自己的私心杂念，从而使善心永远战胜恶意。

为了检验自己的善恶之心，赵叔平曾找来三个器物，用一个器物装黑豆，一个器物装白豆，第三个器物空着。如果头脑中出现一个善念，他就取一个白豆投入第三个器物中；如果有一点儿私念或恶意出现，他就取一个黑豆投入第三个器物中。

到了晚间，他再把第三个器物中的白豆和黑豆倒出来数一数，以检验一天中的善念和私心杂念各有多少。

第一天过去了，赵叔平数了数第三个器物中的白豆和黑豆，结果是黑豆多而白豆少。他知道，自己的克己修养功夫还差得很远。

第二天，赵叔平又数了第三个器物中的白豆和黑豆，仍然是黑豆多而白豆少，但和第一天比起来，黑豆少了一个，白豆增加了一个。

第三天，仍然是黑豆多白豆少，但和第二天比起来，黑豆又少了一个，白豆又增加了一个。

过了一段时间，白豆和黑豆一样多了。

又过了一段时间，白豆多而黑豆少了。

又过了一段时间，空的器物中只有白豆而无黑豆了。赵叔平的心中终于只有善意而无私心杂念了。

■故事感悟

赵叔平严格克制自己的恶念，只要头脑中产生私心杂念，就立即去掉，永远使心地纯一为善，一辈子不做坏事。当然，在现实生活中，我们虽然不能做到像赵叔平那样，但只要我们时刻严于克己、自律自省，那么我们的修养也必然会得到提升！

■史海撷英

赵叔平气度非凡

赵叔平曾与欧阳修同在馆阁任职。赵叔平性情敦厚持重，沉默寡言，欧阳修很看不起他。等到欧阳修任知制诰（为皇帝起草诏令）之职后，便以赵叔平缺乏文采为理由，把他贬官为天章阁待制。赵叔平依然清静淡泊，并没有把这当回事儿。

后来，欧阳修的外甥女与人淫乱，忌恨欧阳修的人便借题发挥，以此事来诬蔑欧阳修。皇上十分生气，朝中大臣也没人敢为欧阳修说话，这时，只有赵叔平为欧阳修上书，说："欧阳修因文才出众才成为皇上的近臣，皇上不能随便听信谗言，轻易诬蔑他。我与欧阳修来往很少，他对我也不太好，但我关心的是朝廷的大体啊！"

有人对此感到不解，就问赵叔平说："你不是与欧阳修之间有怨恨吗？"

赵叔平说："以私废公，我不能做这样的事。"

赵叔平上书为欧阳修说话，皇上很不高兴，最终欧阳修仍被贬官滁州。赵叔平后来执掌苏州，后又辞官守丧。守丧期满后，他被受职为翰林学士。这时，他再次上书，请求为欧阳修恢复官职。

虽然赵叔平的请求并没有被朝廷采纳，但当时的人们都非常赞赏他宽厚大度、以公为重、不计私怨的品行。而且通过这件事，欧阳修也了解到赵叔平原来是一位德高望重的长者，对他非常佩服，两人从此成为莫逆之交。

□文苑拾萃

次韵和君贶会赵叔平少师

（宋）元绛

黄发逍遥并旧臣，燕间加意占先春。
成龙天外惟三友，积雪筵中止数人。
昔日荐才闻最课，当年诵赋得魁伦。
会须共作游河侣，五老星飞事更新。

司马光品德高尚

司马光（1019—1086），字君实，号迂夫，晚年号迂叟，世称涑水先生。北宋时期著名政治家、史学家、散文家。北宋陕州夏县涑水乡（今山西运城夏县）人。司马光自幼嗜学，尤喜《春秋左氏传》。

北宋著名政治家、史学家司马光的品德一直受到世人称赞，即使在政治主张上与他为敌的人也是如此。

司马光对父母长辈孝顺，对朋友很讲义气，办事尽心竭力，为人谦恭俭朴，一切都按礼法行事。尤其值得一提的是，从青春年少到老迈高龄，他都没说过虚妄不实的话。

司马光曾和别人讲过："我没有什么超过常人之处，只是平生所做的一切，从没有不能对人说的。"正因为他为人处事不虚伪、不做假，所以得到周围人的尊敬和信赖。

司马光对于各种财物的欲望非常淡薄，可是对各种知识几乎无所不通，只是不喜欢佛教和道教。他总是说："在佛教和道教的内容中，真正给人启迪的义理都没有超过我平常念的书，那些不能启迪人的荒诞东西我不信。"

■故事感悟

　　欧阳修明达事理，真正达到了修身明德的至高境界。他的这种高尚品德，也正来自平日的严于律己。我们在敬佩欧阳修崇高品德的同时，也要以之为楷模。

■史海撷英

司马光编纂《资治通鉴》

　　宋神宗熙宁年间，司马光强烈反对王安石实施变法，上疏请求外任。

　　熙宁四年（1071年），司马光被判西京御史台，自此在洛阳居住了15年，不问政事。在这段悠游的岁月中，司马光主持编撰了294卷300万字的编年体史书《资治通鉴》，耗时共19年。

　　《资治通鉴》上起周威烈王二十三年（公元前403年），下迄五代后周世宗显德六年（959年），共记载了16个朝代1362年的历史。他在《进资治通鉴表》中说："臣今筋骨癯瘁，目视昏近，齿牙无几，神识衰耗，目前所谓，旋踵而忘。臣之精力，尽于此书。"司马光为此书付出毕生精力，成书不到两年，他便积劳而逝。《资治通鉴》从发凡起例至删削定稿，司马光实都亲自动笔，不假他人之手。清代学者王鸣盛说："此天地间必不可无之书，亦学者必不可不读之书。"

■文苑拾萃

楚宫行

（宋）司马光

楚王宫中夜未央，清歌秘舞会华堂。
木兰为柱桂为梁，隋珠和璧烂同光。

这时，刘伯温正在洗脚，见一个穷苦百姓模样的人前来求宿，忙起身相迎，并让儿子将他带入伙房，给他饭吃，安排住宿。

这时候，县令心里喜得发痒，想自己已经踏进门来，你刘伯温不见也得见了，便说："刘国师，我是青田县令啊！"

刘伯温一听，不免吃了一惊，顿时想起不久前县令送礼求见之事，赶紧口称百姓，躬身拜谢。

这一拜，弄得县令不知如何是好了，正想说话，只见刘伯温拜过之后站起，转身拂袖而去，再也不见出来。县令讨了个没趣，只好灰溜溜地回县府去了。

■故事感悟

刘伯温清正廉明，他的清正就是因为他能够做到克己。古人云："以铜为镜，可以正衣冠；以古为镜，可以知兴衰；以人为镜，可以明得失。"刘伯温的高尚品德就像一面镜子摆在我们面前，值得我们学习和效仿。

■史海撷英

刘伯温辅佐朱元璋

1360年，明太祖朱元璋向隐居在青田的刘伯温发出邀请。刘伯温经过思考后，决定出山辅助朱元璋，希望通过帮助朱氏打江山的方式来实现自己治国平天下的宏伟大志。

刘伯温初次与朱元璋见面，就提出了"时务十八策"。朱元璋不但没有责怪刘伯温，反而大喜不已，从此将刘伯温视为自己的心腹和军师。

刘伯温出山后，忠心耿耿地为朱氏政权效力，积极地为朱元璋出谋划策，还为朱元璋制订了"先灭陈友谅，再灭张士诚，然后北向中原，一统天下"的战略方针。朱元璋得到刘伯温的辅助后，更是如虎添翼，基本也按照刘伯温为他定下的战略、战术行事，先用诱敌之计大败陈友谅，挫其锐气，再于1363年在鄱阳湖与陈氏决战，将其势力彻底消灭。第二年，他又依计将张士诚的势力消灭。随后，朱元璋派部队北上攻打元朝首都北京，同时准备在南方称帝。

1368年，朱元璋在南京登基称帝，建立大明皇朝，改元"洪武"。作为开国元勋之一的刘伯温被任命为御史中丞兼太史令。为了表彰刘伯温的巨大功勋，朱元璋还下诏免加刘伯温家乡青田县的租税，这也是处州地区唯一一个不加税的县。不久，朱元璋又追封刘伯温的祖父、父亲为永喜郡公。

■文苑拾萃

田　家

（明）刘　基

田家无所求，所求在衣食。

丈夫事耕稼，妇女攻纺绩。

侵晨荷锄出，暮夜不遑息。

饱暖匪天降，赖尔筋与力。

租税所从来，官府宜爱惜。

如何恣刻剥，渗漉尽涓滴。

怪当休明时，狼藉多盗贼。

岂无仁义矛，可以弭锋镝。

安得廉循吏，与国共欣戚。

清心罢苛苴，养民瘳国脉。

刘伯温不羡物质享受

随阳公子（生卒年不详），明朝人。

明朝时期，有一次，随阳公子去访问隐居在山林中的郁离子（即刘伯温）。

双方坐定后，随阳公子便起立开言道："我很早就听说过先生的大名了，十分敬仰先生，今天才有机会与您相见，特向您表示敬意。我想有道之士是不会遗弃一个草莽之人所讲的话的，我想向您谈一谈我的看法。"

郁离子虚心地说："愿意听你的教诲。"

随阳公子说："宏大的房屋，深宅大院，四周有围墙环绕，院中有宽阔的天庭，平坦如砥。两边有高楼环立，突室留春，清馆含秋。檐下有五彩的飞廊，层层相继的屋脊如天上的彩云。房屋由彩虹般的香木支撑着，保持平衡，雕刻着飞鸟走兽的美石承担着桓柱。浮柱交错如星罗棋布，碧瓦琉璃像荡漾着的水波。光彩夺目的奇花异草即使在冬天里也开花结果，秀美的高林在夏天更加凉爽宜人，浮光流影进入就变成彩霞，细乐微声响动便生出清风。摇动如街巷大开，飘忽似管弦齐鸣。于是美丽的舞女，拖着云烟般的翠绡罗裙，鸣响着像泉水琅琅的佩玉，翩翩起舞。华宴摆开，金樽陈上，澄清芳醴，杀牛宰羊烹鹿，有蚌汤鱼汁佐餐。把跳跃急流的鲜鲂鱼切成细片，把高飞云端的天鹅用火炙烧，熬月窟中的兔肺作汤，煮雾谷的豹胎而食。果品有碧华的莲子，紫英的雪梨，霜柑充满蜜汁，红荔犹如凝脂。吃饱喝足之后，献上清新鲜美的水果，踏着笙箫乐曲的节奏起舞，良宵苦短，直到雄鸡报晓，才奏起挽留嘉宾的雅乐。这一切是多么美好，我希望能和先生一起享受。"

郁离子听后，说："贪恋酒色，生活豪奢。如果是一个国君的话，只要占有一样就可以让他亡国啊。我不愿意这样生活。"

■故事感悟

在物欲横流的社会，有些人面对诱惑可能会像刘基一样克己修身，清心寡欲地对待；有些人就做不到，他们大开奢侈、不正之风。然而奢侈之风一开，思想就容易受到侵蚀，贪欲也就越来越难以满足。可见，时刻克己修身，以淡然之心对待外界的浮华，于人于己都是非常有必要的。

■史海撷英

刘伯温忧病

刘伯温在青田隐居两年，本希望可以远离世间的是非争夺，可是，他的智慧和才能实在太高，名声也实在太大了，甚至被民间百姓渲染成了一位活神仙般的人物，这就无法避免地遭到政敌的嫉妒和皇帝的猜疑。

洪武六年（1373年），刘伯温的政敌胡惟庸当上了左丞相，便指使他人诬告刘伯温，说他想霸占一块名叫"茗洋"的"有王气"的土地作为自己的坟墓，图谋不轨。早就对刘伯温放心不下的明太祖朱元璋听到诬告后，果然剥夺了刘伯温的俸禄。

刘伯温非常惶恐，马上亲自上京向明太祖谢罪，并留在南京不敢回来。后来，奸臣胡惟庸升任右丞相，刘伯温更加忧虑，终于一病不起，不久就去世了。

知过改过迁善

宋国君知错即改

孔子（公元前551—前479），名丘，字仲尼。春秋时期鲁国人。我国古代伟大的思想家和教育家，儒家学派创始人，世界最著名的文化名人之一，编撰了我国第一部编年体史书《春秋》。孔子逝世时，享年73岁，葬于曲阜城北泗水之上，即今日孔林所在地。孔子的言行思想主要载于语录体散文集《论语》及先秦和秦汉保存下的《史记·孔子世家》之中。

春秋时，宋国遭到了水灾。鲁国派使臣去慰问说："天下大雨，庄稼受淹，灾情一定使你们感到忧虑，我们国君特意派我来向你们慰问。"

宋国国君回答说："是我不对，让百姓过度服役，违背了农时，上天惩罚我是应该的，但还让你们为我担忧，实在过意不去。我们感谢你们的慰问，并且深表歉意。"

孔子听到这个消息后，高兴地说："宋国一定会兴旺起来的。"

他的学生问："为什么呢？"

孔子说："古代的夏桀和商纣从不肯承认自己有过错，所以很快就灭亡了；而商汤和周文王敢于承认自己的过错，所以国家很快便兴盛了。有错误只要能改正，那就不算是错误。"

果然如此，灾年之后的宋国，上下一致，齐心协力，吊唁死者，慰问伤病，起早贪黑，共渡难关。三年以后，宋国果然政治清明，粮食年年丰收。

■故事感悟

知错能改是对自己负责，也是对别人负责，更是对国家负责。宋国国君明白这个道理，所以他能做到改过向善，使国家兴盛起来。人非圣贤，孰能无过？知错能改能使我们进步，更能使整个社会进步。我们每个人都应该做到这一点。

■史海撷英

孔子提倡以德治国

在治国的方略上，孔子主张"为政以德"，提倡用道德和礼教来治理国家是最高尚的治国之道。这种治国方略也叫"德治"或"礼治"。

这种方略将德、礼施之于民，实际上已经打破了传统的礼不下庶人的信条，也打破了贵族与庶民之间原有的一条重要界限。

孔子的仁说，体现了人道精神；孔子的礼说，则体现了礼制精神，即现代意义上的秩序和制度。人道主义是人类永恒的主题，对于任何社会、任何时代、任何一个政府都是适用的，而秩序和制度社会则是建立人类文明社会的基本要求。孔子的这种人道主义和秩序精神是中国古代社会政治思想的精华。

孔子安贫乐道

孔子说："不义而富且贵，于我如浮云。"在孔子的心目中，行义是人生的最高价值。当贫富与道义发生矛盾时，他宁可受穷也不会放弃道义。

但是，孔子的安贫乐道并不能完全看作是不求富贵，只求维护道，这是不符合历史事实的。孔子也曾说过："富与贵，人之所欲也；不以其道，得之不处也。贫与贱，人之所恶也；不以其道，得之不去也。""富而可求也，虽执鞭之士，吾亦为之。如不可求，从吾所好。"

申不害幡然醒悟

申不害（约公元前385—前337），亦称申子。战国时期韩国著名的思想家。他在韩为相15年，使韩国走向国治兵强。作为法家人物，他以"术"者称，是三晋时期法家中的著名代表人物。

申不害是战国时期郑国人，被韩国国君韩昭侯任用为国相。他治理韩国15年，使韩国国富民强、兵精马壮。

一次，申不害为其堂兄想向韩昭侯求官，被韩昭侯拒绝，申不害很不满意。

韩昭侯对他说："这种做法我没有从你那学过。我是听从你的请求而废弃你的主张，还是推广你的主张而拒绝你的请求呢？你曾告诫我要按照功劳的大小来决定官位的等级，现在你又请求我封你的堂兄为官，这样，我应听从哪种做法呢？"

听了这番话，申不害幡然悔悟。他立刻向韩昭侯请罪，并赞扬韩昭侯是真正的国君。

□故事感悟

申不害认识到自己的错误，马上坦然认错。一个在现实社会中生活的人，因为主客观原因难免犯错，关键在于，犯错之后如何对待错误，能不能知错就改，其结果就大不相同了。

申不害的变法改革

申不害在韩国实施了变法改革，首先就是整顿吏治，加强君主集权统治。在韩昭侯的支持下，他首先向挟封地自重的侠氏、公厘和段氏三大强族开刀，果断地收回了他们的特权，捣毁其城堡，清理其府库财富充盈国库。这不仅稳固了韩国的政治局面，还使韩国的实力大增。

与此同时，申不害还大行"术"治，整顿官吏队伍，对官吏加强考核和监督，"见功而与赏，因能而授官"，从而有效地提高了国家政权的行政效率，使韩国呈现出一派生机勃勃的局面。

《申子》节选

（春秋战国）申不害

明君如身，臣如手；君若号，臣如响。君设其本，臣操其末；君治其要，臣行其详；君操其柄，臣事其常。为人臣者，操契以责其名。名者，天地之纲，圣人之符，张天地之纲，用圣人之符，则万物之情无所逃之矣。故善为主者，倚于愚，立于不盈，设于不敢，藏于无事，窜端匿疏，示天下无为，是以近者亲之，远者怀之。示人有余者，人夺之；示人不足者，人与之。刚者折，危者覆，动者摇，静者安，名自正也，事自定也。是以有道者，自名而正之，随事而定之也。鼓不与于五音，而为五音主；有道者不为五官之事，而为治主。君知其道也，臣知其事也。十言十当，百为百富者，人臣之事，非君人之道也。

楚共王临终悔悟

　　楚共王（公元前600—前560），名半审。楚庄王之子。时年幼，由重臣令尹（相当于丞相）子重专政。楚共王六年（公元前585年）发生"子仪之乱"，大夫析公逃到晋国，成为谋士。这就是"楚才晋用"的典故。

　　春秋时，楚共王病重的时候召进令尹说："我的侍从官莞苏和我在一起的时候，经常用事理来忠告我，用大义来匡正我。我跟他在一起，心情总是不痛快；看不见他，我从来也不会想念他。但是，尽管如此，对我却很有好处，他的功劳是不小的，我一定要赐给他更高的爵位。而大臣申侯伯和我在一起的时候，经常纵容我寻欢作乐，我所愿意做的事，他总是劝我去做；我所喜好的东西，他总是首先用。我跟他在一起，心情总是很高兴，看不见他，心情总是闷闷不乐。但是，尽管如此，对我却没有一点儿好处，他的错误是不小的，我一定要把他赶走。"

　　令尹回答说："好！"

　　第二天，楚共王就病逝了。

　　令尹遵照楚共王的遗言，任命莞苏为上卿，并把申侯伯驱逐出境。

■故事感悟

虽然楚共王的醒悟有些迟，但他还是能够弥补自己的过错，"亡羊补牢，为时不晚"。这个故事值得反省：现在有些人明知自己有错，却讳疾忌医，既不承认错误，又拒不接受别人的批评教育和帮助，结果必然是死要面子反而失了面子，甚至使小的错误发展成大的错误，影响自己的前途。

■史海撷英

鄢陵之战

公元前575年6月，晋国和楚国在鄢陵地区展开了一场大战，史称鄢陵之战。

在这场战役中，晋军善察战机，巧妙指挥，击败了同自己争霸中原的楚国，进一步巩固了自己在中原地区的优势地位。

战争后，晋、楚两国都逐渐失去了以武力争霸中原的强大势头，中原战场开始沉寂下来。

鄢陵之战是晋楚争霸战争中的第三次，也是最后一次的两国军队主力会战，在历史上具有重要的意义。它标志着楚国对中原的争夺从此走向颓势，晋国方面虽然借此得以重整霸业（即所谓的晋悼公复霸），但其对中原诸侯的控制力也逐渐减弱。此后，楚国在与其他国家的不断争战中一直处于劣势和被动位置，楚共王也未能在文治武功上取得更大的突破。

孙策母以死教子

孙策（175—200），字伯符。吴郡富春（今浙江富阳区）人。孙坚之子，孙权长兄。东汉末年割据江东一带的军阀，汉末群雄之一，三国时期吴国的奠基者之一，绰号"小霸王"。为继承父亲孙坚的遗业而屈事袁术，并在讨伐割据江东各军阀的过程中增强自身军事实力，终于统一江东。后因被刺客淬毒刺伤后身亡，年仅26岁。其弟孙权称帝后，追谥他为长沙桓王。

三国时期，吴国将领魏腾因为与孙策意见不同而冲撞了他，孙策就要处死他。

当朝的士大夫对孙策的这个决定深感忧虑，因一件小事就治功臣死罪，这种处置极为不当，但又没人敢冒死罪进谏孙策。

后来，孙策的母亲吴夫人想出了一个训子的办法。

有一天，吴夫人倚在一口大井边对孙策说："你刚刚开辟江南属地，今后的事情还很多，要用许多有勇有谋的人，对他们要以礼相待，多记功劳，少记过失，这样才能笼络人心。像魏腾这样尽忠尽职的将领，只因一点点小错你就要把他杀了，怎么能服人心呢？今天你杀一个，明天就可能众叛亲离。你如果坚持要杀他，那么我不忍看到以后的祸事，不如早投此井，一死了之。"

孙策听后十分震惊，连忙放了魏腾。

■故事感悟

母亲不惜以死教导，儿子的成功也是理所当然。孙策的母亲用适当的方式给孙策上了重要的一课。而孙策知错能改，接受母亲的批评，改过向善，这一做法也是深得人心。

■史海撷英

孙策平定江南

199年12月，孙策引兵西征黄祖，刘表派侄儿刘虎和南阳人韩晞带领长矛队5000多人赶来支援黄祖。11日，孙策率领周瑜、吕蒙、程普、孙权、韩当、黄盖等将领同时并进，与敌大战，黄祖几乎全军覆没。最终黄祖脱身逃走，士卒溺死者达万人，孙策还缴获战船6000余艘。

随后，孙策又一鼓作气，东进豫章，驻军椒丘（江西新建区北）。他对虞翻说："华歆名闻于世，但绝非我的对手。如果不早归附，将来金鼓一震，战局一开，伤害侵凌，在所不免。你先进城去，把我的意思说给他听。"虞翻领命进城，见到华歆，陈明利害，华歆举城投降。

孙策从豫章郡中分出一部分，设立庐陵郡，任孙贲为豫章太守，孙辅为庐陵太守，而留周瑜镇守巴丘。

孙策还先后击破邹伦、钱铜、王晟、严白虎等部，于是疆宇平定。

曹操闻知孙策平定江南，叹息说："狮儿难与争锋也！"于是，就将从弟曹仁的女儿许配给孙策的弟弟孙匡，又让儿子曹彰娶了孙贲的女儿，并以礼征召孙权、孙翊，命扬州刺史严象推举孙权为茂才。

孙伯符墓下

（宋）周弼

梧叶萧萧墓草长，梦魂曾断九回肠。
空闻绛帕离章水，谁见黄旗入洛阳。
鸦噪暮园江阪迥，龙盘春戍石城荒。
赤乌不识桑田变，犹自凄凄守白杨。

张昭以古劝孙权

张昭（156—236），字子布。东吴第一谋士。孙策平定江东时，周瑜向孙策推荐张昭，孙策亲自登门请张昭，张昭遂出山相助，在孙策平定江东的战斗中起了很大的作用。孙策平定江东后，张昭几度向孙策表明了西征黄祖的重要性。孙权继位后，果然西征灭了黄祖。后张昭辞官归乡，安心养老，并注释了《春秋左传》。236年，张昭病逝，孙权亲自为张昭吊孝。

三国时期，有一次，吴王孙权在武昌城钓鱼台旁与众臣痛饮，喝得酩酊大醉。他对大家说："今天必须喝得醉倒在钓鱼台才能停饮。"

辅国大臣张昭在一旁一言不发，神情严肃。他看不惯孙权这种寻欢作乐的举动，便离开宴席，坐到外面的马车里。

孙权发现后，马上派人请他进去，并说："你应当与我一起饮酒为乐，为什么不高兴呢？"

张昭说："古时商纣就是这样在钓台边通宵饮酒作乐的。他当时以此为乐，并未意识到这是贻误国政的祸事，最后导致丧权亡国。"

孙权听了张昭的这番话，默不作声，面带羞愧之色。

从此以后，孙权便不再举行此类饮酒聚会的活动了。

■故事感悟

孙权有改过的勇气，值得后人学习。人最重要的态度是知错能改，古人说知错能改善莫大焉，知道自己有了错误能及时改正，是一件好事，更是一种善举。

■史海撷英

赤壁之战

200年，曹操南征，大败宜城亭侯、左将军、豫州牧刘备。曹操在占领江陵（南郡治所）后，就给孙权写了一封信，直意要取下东吴。

当时，东吴内部分为主战派和主和派两派，主战以鲁肃、周瑜为首，主和以张昭为首。张昭在当时是很有说服力的，但孙权却有意要与曹操决一死战。此时，鲁肃从江夏带来了刘备的军师诸葛亮，表明刘备联吴抗曹的决心。周瑜也及时返回，说明曹操的种种弊端，决战有望获胜。于是，孙权果断决定，以周瑜、程普为左右都督，与曹操决战。周瑜用黄盖诈降的计策，以3万人于赤壁大破曹操。这便是历史上有名的赤壁之战。

■文苑拾萃

南乡子·登京口北固亭有怀

（宋）辛弃疾

何处望神州？满眼风光北固楼。
千古兴亡多少事？悠悠。

不尽长江滚滚流。

年少万兜鍪，坐断东南战未休。

天下英雄谁敌手？曹刘。

生子当如孙仲谋。

简雍借喻劝刘备

刘备（161—223），字玄德。涿郡涿县（今河北涿州）人，据说是汉中山靖王刘胜的后代。三国时期蜀汉开国皇帝，政治家，221—223年在位。谥号昭烈帝，庙号烈祖，史家又称他为先主。

三国时期，蜀国官吏简雍从小就与刘备有交情，因此在刘备面前常常不拘礼节。但他很会借题发挥，讽劝刘备。

当时蜀地遇到大旱，刘备下令不许饮酒、酿酒，如果有违令者，要处以刑罚。

在执行此项禁令中，有的官吏从百姓家中搜出酿酒的器具，竟以酿酒者同罪。

简雍为了劝说刘备，便与他一同外出散步，遇到一对男女同行。

简雍说："那两人有不轨的行为，你为什么不抓他们？"

刘备说："你怎么知道？"

简雍说："只要男女在一起就是有淫乱之事，这不就像那些有酿酒器具的人一样，也应治罪吗？"

刘备听后大笑起来，知道简雍是借此批评自己，便下令宽恕那些家中有酿酒器具的人。

■故事感悟

简雍的巧谏使刘备意识到了自己的错误并及时改正。人非圣贤，孰能无过。这是一位名人留给世人的一句至理名言，它包含的意义深刻，蕴含着丰富的哲理。人并非天上的神仙，怎会没有过错呢？但能够认识到自己的错误，并加以改正，也能得到别人的赞许。

■史海撷英

刘备争夺汉中

从217年冬天到219年5月，刘备为了争夺汉中，与曹军展开了全力对战。经过一年多的苦战，最终迫使曹操从汉中撤兵，刘备完全占领了汉中地区。

刘备一生中曾多次直接与曹操作战，但总是遭到失败，这一次，也是最后一次与曹操的作战，刘备不仅没有被曹操打败，反而还赢得了战略上的胜利。

在曹操的主力还未达到前，刘备一直采取的是积极进攻的战略。虽然开始阶段并不顺利，但刘备坚持不懈，终于在曹操主力到来前击败了夏侯渊，赢得了战场主动权。

在曹操主力到达后，刘备则坚持依险固守，拖垮曹军的战略，使曹操求战不能，攻坚不下，运输困难，士气低落，最后终于从汉中退兵。

在这场战役中，诸葛亮在后方没有直接参战，却充分保证了大军的后勤供应，还在战事最关键的时候派去了增援部队，确保了击败夏侯渊战斗的胜利。

杂咏一百首·刘备

（宋）刘克庄

华容芦荻里，一炬可无遗。
叹息刘玄德，平生见事迟。

戴渊浪子回头

戴渊（269—322），字若思。广陵（今江苏扬州）人。东晋忠臣，曾任征西将军，都督北方军事。永昌元年（322年），大将军王敦作乱，他率军救援建康，兵败被害，去世时仅54岁，谥曰简。

戴渊是东晋时期人，从小生活在广陵（今江苏省扬州市）。他小时候机灵聪颖，五六岁时就能像一个将军一样指挥邻居家的孩子们玩耍，甚至一些年龄比他大的孩子也心甘情愿地受他指挥。人们都夸奖戴渊是个难得的人才。

可是当戴渊稍大一些时，却变得不肯读书了，后来干脆弃学，在外面游荡，动不动就和人动武打架。还常常指挥他的一帮小兄弟到处偷吃扒拿，扰得整个地方乌烟瘴气，谁见了他都害怕。

戴渊的父母初时对他还苦苦劝诫，可没有用，后来忍无可忍，便把他赶出了家门。

戴渊离家之后，再也没有人管他了，他变得更加无法无天了。他纠集了一群无赖少年，流窜在长江、淮河一带，专门干些打家劫舍、拦路抢劫的勾当。来往的车辆舟船，只要被他们盯上，没有一个不被抢劫的。一时间，弄得江淮一带的行人只好绕道而行。

官府派人去捉拿戴渊一伙，但每次都被他们逃脱了。有几次虽然捉住了他的几个同伙，却招惹了更多的麻烦。戴渊指使他的随从将官府也洗劫一空。一些无能官吏十分害怕，只好辞官还乡。

有一天，同伙向戴渊报告，说在长江发现一条大船，船上装满了包裹箱笼，随船的人也不多。

戴渊一听，高兴得不得了，以为有"大鱼"来了，立刻带领手下的人到江边察看。果然见一条大船在江面上缓缓地逆水而行，船身装饰华丽，船头和船尾都堆满了箱笼，船上只有几名船夫。

于是，戴渊如此这般地吩咐几句，他手下的人便飞快地跑开了。

其实在这条大船上的不是别人，正是东吴很有名望的学者陆机。陆机此时正乘船到洛阳去休假，没想到在这里遇到了戴渊一伙。

这陆机毕竟是个胸怀坦荡的学者，处变不惊，他见有人来抢劫，仍然镇静自若地走出船舱，站在船头仔细瞭望。

只见戴渊坐在江边的一张交椅上，正指挥着一群少年进行抢掠，每个指令都是有条不紊。那些少年在他的指挥下动作也都很麻利、果断。

陆机看了，不由得暗暗称奇。再仔细一看戴渊，只见这位翩翩少年虽然是在干着抢劫的勾当，但他的神情姿态无不超群出众。

陆机看过之后，连连摇头叹息："可惜，可惜！"西晋末年，正是我国历史上兵荒马乱的时期，北方的少数民族不断南侵，而晋朝统治者却过着骄奢淫逸、醉生梦死的生活。当时正是朝廷迫切需要人才的时候，如果能使戴渊这样的人幡然悔悟，弃暗投明，对国家是很有好处的。

陆机想到这些，便从容不迫地走到船尾，和颜悦色地对岸上的戴渊说："我刚才看你指挥手下人时的神情，就像一个指挥作战的将军一样。你既然有这么大的才能，为什么不能做点有利于国家的事业，却要在这里干这种鸡鸣狗盗见不得人的事情呢？"

戴渊在岸上也早已注意到陆机了，他看到手下人跳上陆机的船只抢劫时，陆机镇静自若，毫无惧色，心里暗暗称奇。他想："我在江湖闯荡已经多年，从来没有见到这样的客人，大难临头却神情自若，面不改色！"

当陆机走到船尾来和他讲话时，戴渊发现陆机确实是个知书达理、气质不凡的人，心里先有了几分敬畏，又听陆机说出上面这些不同凡响的话来，不由得惭愧万分，无地自容。

当他得知面前这位和善的长者就是当时远近闻名的学者陆机时，立刻拜倒在地，请求陆机宽恕。

陆机微笑着说道："我刚才问你的话，你还没有回答我呢！大丈夫生当尽忠报国，死也要死得其所，你为什么偏偏要在这江湖上鬼混，干一些伤天害理的事情呢？"

戴渊涕泪交流地哭诉道："我从小不读诗书，不明事理，干了不少坏事，被父母赶出家门，从此破罐子破摔，弄得天怒人怨。现在我不做这些事又能做些什么呢？再说，我现在名声这样恶劣，谁还会收留我呢？"

陆机沉吟了一会儿，对戴渊道："你能有这样的想法，说明你的天良还没有泯灭，还没有到完全不可救药的地步。只要你能痛下决心，弃恶从善，以你这样的才能是完全可以为国家作出一番贡献的。"

戴渊听了陆机的这番教导，觉得自打出生以来，从来没有人这样真心、友善地对待自己、关心自己，他不由得心里一热，连忙扔掉手中的武器，对陆机再次下拜，恳求归附陆机。

陆机见他言辞恳切，确有悔改之心，便欣然同意。从此，戴渊虚心诚意地跟随陆机读书学习，十分勤奋，进步极快，终于成为一个为人正派、言谈举止严肃认真的人。

陆机见戴渊已经彻底脱胎换骨，悔过自新，成为一个有教养的人，对他更加器重，与他结为好友，又推荐他出来任职。戴渊果然不负众望，指挥军队作战得心应手，打了许多胜仗。戴渊后来成为东晋大将，官封征西大将军，为抵抗外族入侵、保家卫国作出了很大的贡献。

■故事感悟

戴渊是改过向善的典范。这个故事也说明：人生在世，难免会做错事、走错路，但浪子回头金不换。戴渊能够听从规劝，改正错误，使自己成为对国家有用的人，并建立功业，值得称颂。

■史海撷英

王敦之乱

永昌元年（322年）正月，王敦从荆州起兵，以诛刘隗为名进攻建康。司马睿闻讯后大怒，遂命刘隗等人赶往建康准备防守。不仅如此，司马睿还亲自披甲出镇城郊。

王敦率军一路前进到石头城（建康西边的军事要塞），本来他打算进攻刘隗镇守的金城，但杜弢劝他先攻石头城，王敦听从了杜弢的建议。守将周札开城门投降，王敦又击败了戴渊、刘隗、王导、周顗、郭逸和虞潭的进攻，刘隗和刁协北走。

王敦攻入石头城后，并不急着到建康朝见司马睿，反而拥兵在石头城，更是放纵兵士四处劫掠。官众因乱逃走，只留下安东将军刘超领兵与两名侍中一同侍奉司马睿，司马睿也只得求和。

王敦见到王导时，怪责王导在当日司马睿继位前不听他劝，改立幼主而让他可以专擅朝政，才令内乱发生，几乎令王氏覆灭。但王导仍秉正地与王敦议论，王敦无法争辩。后来，王敦自任丞相、江州牧，进封武昌郡公，又加羽葆鼓吹，让太常荀嵩拜授，王敦曾假意辞让。

王敦又杀了周顗、戴渊，更因太子司马绍为人有勇略，意图诬陷他不孝而废掉他，但遭到了温峤的大力反对而不能成事。

不久后，王敦便回到武昌，遥控朝政。得势后，王敦开始谋害易雄等忠良之士，又在朝中树立党羽，将相州牧都是王氏族人，而且又以沈充、钱凤二人为谋主，纵容手下为非作歹，无法无天。有识之士都知道王敦很快会败亡，其堂弟王棱曾不断劝谏王敦，但却遭到王敦暗杀。王敦后又自领宁州和益州都督。同年，司马睿忧愤而死，由太子司马绍继位，是为晋明帝。

■文苑拾萃

世说新语·自新

（宋）刘义庆

戴渊少时，游侠不治行检，尝在江淮间攻掠商旅。陆机赴假还洛，辎重甚盛，渊使少年掠劫。渊在岸上，据胡床指麾左右，皆得其宜。渊既神姿峰颖，虽处鄙事，神气犹异。机于船屋上遥谓之曰："卿才如此，亦复作劫邪？"渊便泣涕，投剑归机。辞厉非常，机弥重之，定交，作笔荐焉。过江，仕至征西将军。

周处悔过自新

　　周处（240—297），字子隐，东吴吴郡阳羡（今江苏宜兴）人。鄱阳太守周鲂之子。周处年少时纵情肆欲，为祸乡里，为改过自新去找名人陆机、陆云，后来浪子回头，功业更胜乃父，留下"周处除三害"的传说。吴亡后周处仕西晋，刚正不阿，得罪权贵，被派往西北讨伐氐羌叛乱，遇害于沙场。

　　西晋初年，吴郡义兴（今江苏省宜兴市）有个少年名叫周处。他的父亲周鲂曾任鄱阳太守，不幸早逝。

　　周处幼年失父，母难管教，与乡里的一些恶少往来，沾染了恶习，经常提枪使棒，惹是生非，闹得鸡犬不宁，人人痛恨。当时义兴河中有条恶蛟，常常兴风作浪，乘机吞食河边打鱼、洗衣之人。南山有只白额虎，常在日间下山咬伤人畜。所以，人们把恶蛟、猛虎与周处合称为"三横"（即三害），认为周处的凶横和危害更在蛟、虎之上。义兴的百姓都希望能够除掉"三横"，过安生日子。当时有个书生很关心民情，便想了个办法来除治三害。

　　有一天上午，周处正在园中舞剑，只见寒光闪闪，冷气森森，疾如闪电，矫若游龙，恶少们连声叫好，书生看了也禁不住赞叹起来。周处舞毕，书生便上前拱手为礼："公子剑术出众，令人眼花缭乱，佩服！佩服！"

周处把宝剑插入鞘内，得意洋洋地说："区区小术，何足夸奖。"

书生见他志得意满，便故意激他道："可惜公子剑术虽精，却无用武之处。听说南山有只猛虎，经常伤害人畜，至今无人敢上山打柴，不知公子可有胆量，独自上山刺杀恶虎？"

书生又说："公子神勇过人，不亚鲁国卞庄，只是猛虎易杀，恶蛟难斗，公子要能下水斩蛟，方显得真本事！"

周处满不在乎地说："今日天色已晚，明天再看我上山杀虎、下水斩蛟吧！"

第二天，周处便手提宝剑，把老虎一剑刺死后，又下河与恶蛟搏斗。

百姓们见周处与恶蛟杀得难解难分，渐游渐远，三天三夜都没有回来，以为他和恶蛟全都死了，于是纷纷走上街头，敲锣打鼓，燃放鞭炮，相互庆贺。

一个白发苍苍的老头笑着对书生说："多亏先生巧计，激周处刺虎斗蛟。如今蛟死处亡，三横尽除，我们老百姓就可以长久地过安生日子了！"

一个身材魁梧的小伙子满斟一杯酒，递到书生面前说："先生巧计除三害，为百姓做了大好事，我敬你一杯！"

接着许多百姓纷纷敬酒，表示感谢，书生难却盛情，喝得酩酊大醉。

这时周处已经杀死恶蛟，精疲力竭地从水中爬出来了。他以为自己刺虎斩蛟，乡人一定会赞扬自己是盖世无双的英雄，谁知回城后，却见到人们为他与恶蛟俱死而热烈庆贺，才知道自己与猛虎、恶蛟一样，同为乡人憎恶。他感到心里很不好受，也不愿同乡亲们见面，就迈着沉重的步子，悄悄地回家了。

回到家后，周处感到又冷又饿，马上换了干衣服，又喝酒暖身，热点冷饭来吃，精神才稍微好些，遂倒床休息。谁知一想到日间百姓的议论，翻来覆去睡不着。为什么做了好事乡亲们还憎恶自己呢？难道是因为自己过去横行乡里，给乡亲们留下了同猛虎、恶蛟一样的印象吗？他越想越难受，渐渐有了改过自新的想法。

周处听说本郡吴县华亭（今上海市松江区）的平原内史（官名）陆机和清河内史陆云两兄弟很有才学，乐于助人，便渴望向他们请教，诉说自己的苦闷。于是第二天他就带上银钱，骑上快马，直奔吴县。谁知到了华亭，陆机有事外出未归，只有陆云一人在家，周处便直接去见陆云。

陆云见周处一身轻装，气宇轩昂，不远千里前来看望自己，便热情地请他坐下，亲自奉上香茶。

周处恭敬地说：“久闻陆氏兄弟大名，海内文宗，人人尊仰。周处今有一事不明，特来请教。”接着他把自己刺虎、斩蛟反被人憎恶的事说了一遍，又继续说道：“如今我想痛改前非，但岁月不居，青春已逝，恐怕改后也是一事无成，反为人所笑。”

陆云劝慰他说：“《论语》说：‘朝闻道，夕死可矣。’早上知道了为人之道，就是当天晚上死去，也不会感到遗憾。何况你正当壮年，还有远大的前途呢！一个人，就怕没有志气，只要能立大志，有过即改，还愁什么美名不能远扬么？”

周处高兴地说：“闻听先生金玉良言，大开茅塞。周处不才，定当改过自新，做一个顶天立地的男子汉！”

陆云见周处心胸开阔，知过即改，也很高兴。此后几天，两人一起谈论天下大事，为人之道，求学之途，周处大开眼界。临行时，陆云还赠送周处一些经史之类的书籍。

周处回家以后，断绝了同恶少们的往来，闭门思过，刻苦攻书，学识大进。对人也分外和气，乐于为乡里做好事，乡亲们都为周处的变化感到高兴。

后来，县令知道了周处的德才，就向朝廷举荐，朝廷任命周处为御史中丞（御史台长官）。到职以后，周处秉公执法，不畏权贵，敢于弹劾那些违法乱纪、残害百姓的官吏，受到了人们的敬重。

■故事感悟

正所谓"过而能改，善莫大焉""浪子回头金不换"，周处接受批评，能够洗心革面、改恶从善，终于成为国家有用之才。这就说明，犯了错误不要紧，只要能够勇于改正，同样可以成为有用的人。

■史海撷英

周处仕晋

三国时期的吴国灭亡后，大批的吴臣到晋任职，周处也名列其中。他出任柳州新平（今陕西彬县）太守，处理边疆民族问题很有成绩，外族归附而有美名。

此后，周处又转任梁州广汉（今四川射洪）太守，处理争讼详细正直，平息缠讼经年案件。后来，由于母亲年迈而辞官归里，不久后再次被征为楚内史，尚未到任，又被征召入京担任散骑常侍。

周处认为，自己应当"辞大不辞小"，因此先到楚国赴任，有安抚教化等治绩，然后才入朝为官，此行为世人所称道。

咏史下·周处

（宋）陈普

白额长蛇已就戡，不知贾郭更难堪。
东吴陆喜乡先罪，五等还应有第三。

唐太宗勇于改错

李世民（599—649），陇西成纪（今甘肃秦安县）人，祖籍赵郡隆庆。政治家、军事家、书法家、诗人。即位为帝后，积极听取群臣的意见，努力学习文治天下，成功转型为中国史上最出名的政治家与明君之一。唐太宗开创了历史上的"贞观之治"，经过主动消灭各地割据势力，虚心纳谏，在国内厉行节约，使百姓休养生息，终于使得社会出现了国泰民安的局面。

这个故事发生在唐太宗当皇帝的第二年。

有一次，唐太宗命令太常少卿祖孝孙教宫女们音乐。因为教得不够好，唐太宗就责骂祖孝孙。

见到这种情景，温彦博和王珪两位大臣对唐太宗说："祖孝孙是位受人敬重的文士，陛下让他教宫女，又来责备他，我们认为这样做是不合适的。"

唐太宗听了之后，非常生气，对他们说："我诚心诚意、推心置腹地对待你们，你们应该尽心竭力、忠心耿耿地对待我。现在你们却不维护我而袒护下边，替祖孝孙来分辩、讲理。"

温彦博不敢再争辩了，王珪却继续说："陛下平时要我们忠诚、正直，现在我们讲的难道是偏私阿曲的行为吗？这是陛下你对臣等有亏，而并不是我们对陛下您无礼啊！"

唐太宗听后不再说话了。

第二天，唐太宗对大臣房玄龄说："自古帝王纳谏实在难，我昨天错误地责备了温彦博和王珪，到现在还很后悔！你们千万不要因此而不敢进言啊！"

■故事感悟

唐太宗心胸宽广，能够勇于承认自己的过错，是个难得的明君。太宗谦虚和勇于改过的事迹史不绝书，其"镜鉴理论"和"水舟关系论"更是深入人心，符合寡私欲而好仁德的标准。

■史海撷英

农妇称"皇帝"

中国古代历史上，在武则天称帝之前，就有一位普通的妇女自称为"皇帝"了，她就是农民起义领袖陈硕贞。

陈硕贞本来是一位普通的农村妇女，由于无法忍受豪强地主的剥削和压迫，便以宣传宗教为名，秘密发动农民起来反抗朝廷。没几年，附近的农民纷纷加入了她所组织的教门。

唐高宗永徽四年（653年）秋天，陈硕贞宣布起义，自称为文佳皇帝。她也成为中国战争史上第一个称帝的妇女。陈硕贞任命她的妹夫章叔胤为仆射，任命章文宝为大将。附近的农民纷纷响应，起义军很快发展到几万人。

在章叔胤的率领下，起义军首先攻克了桐庐。接着，陈硕贞又亲自带兵，攻下了睦州和于潜。随后，起义军又发兵攻打歙州（今安徽省歙县）、婺州（今浙江省金华市），声势越来越大。

653年11月底，扬州刺史房仁裕率领部队到达婺州，与崔义玄前后夹击陈硕贞领导的起义军。战斗进行得相当惨烈，参战的有数万义军，最后除一万多被俘外，其余大部战死。"文佳皇帝"陈硕贞及仆射章叔胤也在战斗中被俘，最后英勇就义。

■文苑拾萃

经破薛举战地

（唐）李世民

昔年怀壮气，提戈初仗节。
心随朗日高，志与秋霜洁。
移锋惊电起，转战长河决。
营碎落星沉，阵卷横云裂。
一挥氛沴静，再举鲸鲵灭。
于兹俯旧原，属目驻华轩。
沉沙无故迹，减灶有残痕。
浪霞穿水净，峰雾抱莲昏。
世途亟流易，人事殊今昔。
长想眺前踪，抚躬聊自适。

74

郭子仪有错知悔

郭子仪（697—781），中唐名将。汉族。华州郑县（今陕西华县）人，祖籍山西汾阳。以武举高第入仕从军，累迁至九原太守、朔方节度右兵马使。天宝十四年（755年），"安史之乱"爆发后，任朔方节度使，率军收复洛阳、长安两京，功居平乱之首，晋为中书令，封汾阳郡王。代宗时，又平定仆固怀恩叛乱，并说服回纥酋长，共破吐蕃，朝廷赖以为安。史称"权倾天下而朝不忌，功盖一代而主不疑"。赐谥忠武，配飨代宗庙。

唐大历年间，朔方节度副使张昙性格刚正率直，关内副元帅、河西节度使郭子仪误以为张昙凭仗战功轻视自己，于是怀恨在心。

孔目官吴曜是郭子仪提拔起来的亲信，他深知郭子仪的心思，就搜集了一些材料，然后罗列起来诬陷张昙。

郭子仪听了以后，立即上奏，告张昙煽动部下谋反，结果张昙含冤被杀。

掌书记高郢曾为张昙据理力争，郭子仪不但不听，反而把他贬为猗氏县县丞。

后来很多将校、僚属借故请求调离，郭子仪这才醒悟过来。他后悔极了，于是将实情作为教训报告给皇上，而且说："这是吴曜害我！"然后把吴曜轰走了。

■故事感悟

郭子仪确实是犯了个大错误，但他能够从错误中悔悟过来，并总结出经验和道理，也是很可贵的。在犯错误后，我们也要勇于承认，并及时改正！

■史海撷英

郭子仪收复洛阳

"安史之乱"后期，郭子仪收复了都城长安后，又奉命率军攻打洛阳的叛军。当时洛阳的守将安庆绪听说唐军前来攻城时，慌忙派大将庄严、张通儒等人带领15万大军前去迎战。叛军在新店（河南省郏县西）与唐军相遇。新店地势险要，叛军依山扎营，居高临下，形势对唐军十分不利。

郭子仪趁叛军立足未稳之机，选派出2000名英勇善战的骑兵向敌营冲杀过去，然后又派1000名弓箭手埋伏在山下，再令协助作战的回纥军从背后登山偷袭，自己则亲自率领主力部队与安庆绪的叛军进行正面交战。

战斗打响后不久，郭子仪就佯装败退。叛军一见，立即倾巢出动，从山上追赶下来。这时，突然杀声如雷，唐军埋伏的弓箭手像神兵一般从天而降，万箭齐发，无数的箭簇像雨点般射向敌群。在弓箭手的掩护下，郭子仪又杀了个回马枪。这时，叛军的背后又传来高呼声："回纥兵来了，快投降吧！"叛军前后被围，左右遭打。在唐军和回纥军的夹击之下，叛军被打得一败涂地。庄严逃回洛阳，同安庆绪一起弃城北走，官军在郭子仪的带领下，一举收复了洛阳。

□ 文苑拾萃

郊庙歌辞·享太庙乐章·保大舞

（唐）郭子仪

於穆文考，圣神昭章。
肃勺群慝，含光远方。
万物茂遂，九夷宾王。
愔愔云韶，德音不忘。

唐宣宗责罚万寿公主

唐宣宗李忱（810—859），唐朝第十八位皇帝（847—859年在位，未算武周政权）。武宗死后，以皇太叔为宦官马元贽等所立，在位13年。他曾经为唐朝的基业做过不懈的努力，延缓了唐王朝走向衰败的大势，但又无法彻底扭转颓势。宣宗性格明察沉断，用法无私，从谏如流，重惜官赏，恭谨节俭，惠爱民物，故大中之政，讫于唐亡，人思咏之，谓之"小太宗"。

唐宣宗大中二年（848年）十一月十四日，唐宣宗的女儿万寿公主出嫁给侍奉皇帝起居、记述皇帝言行的起居郎郑颢。

郑颢是做过宰相的郑絪的孙子。他中了进士，当了校书郎、右拾遗内供奉，人们都称赞他为人文雅。

万寿公主是宣宗宠爱的女儿，所以挑选郑颢来做她的驸马。

主管官员根据以前的制度，想请公主在结婚那天用白银装饰车子。唐宣宗说："我想用俭朴来教育天下，应当从我的亲属开始。"于是，他让依照外命妇（即受过皇帝封号的王公大臣家中的妇女）用铜装饰车子。还命令公主执行新妇的礼节都依照一般臣民的礼法，告诫她不要轻视丈夫的家族，不要干预政事。

唐宣宗又给她一个亲笔诏令重申："假如违背了我的告诫，一定会招致太平公主、安乐公主被杀那样的灭祸。"

有一次，郑颢的弟弟得了危急的病症，唐宣宗派侍臣去看望。

侍臣回宫后，唐宣宗问："公主在哪里？"

侍臣回答说："在慈恩寺看戏。"

唐宣宗非常生气，叹着气说："我就奇怪为什么一般官员的家里不愿意跟我结亲，敢情真有缘故呀！"

唐宣宗立刻命令召万寿公主入宫，让她立在台阶之下，不理睬她。

公主害怕了，流泪认罪。

宣宗责备她说："哪有小叔子病重不去探望问候而去看戏的呢？"说完就让她回婆家去了。

从此一直到宣宗去世，都没有接她回娘家。

期间，贵戚们都兢兢业业地遵守礼法，和崤山以东广大地区的有教养的士族一样，再也不敢处处显示自己的高贵身份了。

■故事感悟

唐宣宗的责罚严格而正确。万寿公主能够诚心改过，也同样值得赞扬。在平日的学习、工作和生活中，谁都难免会犯错误，但只要改过向善，就值得原谅。

■史海撷英

大中之治

唐宣宗在位期间，勤于政事，孜孜求治，非常喜欢阅读《贞观政要》。

他不仅重新整顿了吏治，还限制了皇亲和宦官的权力。他还将死于甘露之变中的除郑李之外的百官全部昭雪，也曾经想过根除宦官，但鉴于甘露之变的前车之鉴，未敢有所行动。

唐宣宗勤俭治国，体贴百姓，减少赋税，注重人才选拔，因此在他统治期间，国内阶级矛盾有所缓和，百姓也日渐富裕，使十分腐败的唐朝呈现出"中兴"的小康局面，史称大中之治。

朱元璋诫臣及时改过

朱元璋（1328—1398），明王朝的开国皇帝。原名重八，后取名兴宗。濠州（今安徽凤阳县东）钟离太平乡人。25岁时参加郭子兴领导的红巾军，反抗蒙元暴政。龙凤七年（1361年）受封吴国公，十年自称吴王。元至正二十八年（1368年），在基本击破各路农民起义军和扫平元的残余势力后，于南京称帝，国号大明，年号洪武，建立了全国统一的封建政权。朱元璋统治时期被称为"洪武之治"。死后葬于明孝陵。

明太祖朱元璋曾对朝中大臣们说："黍粒累积起来可以高一寸，善事积累起来可以成好的品德，所以，小的善行可以发展成大的善行，小的恶行也能导致大的恶行。"

朱元璋还说："积累善行就好像堆土一样，只要坚持下去，就可以积土成山；对于恶行的扩大要有防止河水泛滥那样的思想准备，如有小的漏洞不去堵塞，必然会导致洪水滔天。各位都是当今的俊杰，和我一起救济天下百姓，你们有一点善行，就要如实地记录下来；若有不好的行为，一定要快改。要知道，改过迁善如镜之去垢，擦去镜子上的污垢，可以使其光辉倍增。不然的话，人就终生被蒙蔽，罪恶日益加深，最终导致大祸临身。你们可要警惕啊！"

■故事感悟

明太祖是明智的，他明白"勿以恶小而为之，勿以善小而不为"的道理，也明白修正、改过，才能够提高自己的修为。这故事告诉我们，要想获得成功，修正、改过，是必经的一道门……

■史海撷英

朱元璋第一次北伐

鉴于北宋末年燕山一带在两年之内得而复失的前车之鉴，朱元璋决定北征消灭北元。

洪武三年（1370年）正月初三，朱元璋命右丞相徐达为征虏大将军，浙江行省平章李文忠为左副将军，都督冯胜为右副将军，御史大夫邓愈为李文忠副将，中山侯汤和为冯胜副将，出兵进攻北元。

朱元璋根据当时元惠宗在应昌府，扩廓帖木儿在定西的情况，决定"分兵为二道：一令大将军自潼关出西安捣定西，以取王保保（即扩廓帖木儿）；一令左副将军出居庸关入沙漠以追元主，使其彼此自救，不暇应援。况元主远居沙漠，不意吾师之至，为孤豚之遇猛虎，取之必矣，事有一举而两得者，此是也。"并命大同指挥金朝兴、大同都督同知汪兴祖（即张兴祖）等人先进攻山西、河北北部，作为佯攻来吸引北元的主要兵力。

二月二十五日，金朝兴率军攻克了东胜州（今内蒙古托克托）。三月二十三日，汪兴祖率军攻克了武州（今山西五寨县）、朔州（今山西朔县）。

三月二十九日，徐达率主力攻入定西，并于四月八日在沈儿峪（今甘肃定西北）大败扩廓帖木儿。

四月丙戌（儒略历5月23日），元惠宗因痢疾死于应昌府。其子爱犹识理达腊在和林继位，为元昭宗。

五月初一，徐达派邓愈去招抚吐蕃，自己则率主力南攻克陕西略阳、沔州（今勉县）、兴元（今汉中）。五月二十三日，徐达一军回到西安。

唐代宗纠错刹歪风

　　唐代宗李豫（726—779），唐肃宗长子。初名俶。原封广平王，后改封楚王、成王。天宝十五年（756年），安禄山叛军攻占潼关，玄宗逃至马嵬驿，当地民众揽留肃宗，于是护送肃宗北上灵武即帝位。"安史之乱"中，以兵马元帅名义收复洛阳、长安两京。乾元元年（758年）三月改封成王，四月被立为皇太子。宝应元年（762年），宦官李辅国杀张皇后，肃宗受惊吓而死，李俶于肃宗灵柩前依其遗诏即位，改名豫。779年去世，葬于元陵（今陕西省富平县西北15公里的檀山），谥号睿文孝武皇帝，传位于唐德宗李适。

　　唐大历年间，唐代宗厚宠宦官，派到各地传达命令的中使（宦官）经常向地方勒索财物，唐代宗也不加以制止。

　　有一次，唐代宗派遣中使去赏赐一位妃子的家属。回来后，唐代宗得知中使得到的钱不多，就很不高兴，认为这是轻视自己的使臣。

　　那位妃子很害怕，急忙拿出私房钱补偿给中使。

　　从此，这些中使就公开索贿受物，无所顾忌，甚至连宰相也得在官署中准备好钱，等中使一到就先赏钱，然后再宣旨。外出时，中使先给所经过的州县下文书，之后再收取财物，就像征收赋税一样，个个都能满载而归。

后来，唐代宗渐渐意识到这一弊端的危害，于是伺机革除。

有一次，唐代宗派中使邵光超为淮西节度使李希烈赐符节，李希烈送给他仆从、名马及帛缣700匹。

唐代宗闻知后大怒，杖责邵光超，并把他流放远地。

这个消息迅速传遍四方，那些正在各地的中使恐惧万分，把收受的财物都偷偷扔到山谷中。这股歪风立即被遏制住了。

后来，即使各州县自动馈送财物，中使也不敢再要了。

■故事感悟

唐代宗惩罚贪官，使得宫中风气大变。在平日的生活和工作当中，我们也要时时反省自己，时时发现自己的错误，及时改正。只有这样，我们才能够做到真正的改过向善。

■史海撷英

唐代宗智除李辅国

762年4月，李辅国与程元振将张皇后杀死，唐肃宗因被惊吓而死。同月，李辅国拥立李豫为帝，是为代宗，改年号为"宝应"。

唐代宗继位后，李辅国便以立帝有功恃此而骄，竟对代宗说："陛下只需深居宫中，外面的政事有老奴来处理。"代宗虽然心有不满，但慑于李辅国手握兵权，只好暂时委曲求全，尊称他为尚父（可尊尚的父辈），无论大小事务都要与他商量后才能决定。

不久，唐代宗乘李辅国不备，派人扮作盗贼刺杀了李辅国，然后又假装下令追捕盗贼，并派宫中使者慰问其家属。就这样，代宗用计除掉了李辅国。

唐代宗元陵

唐代宗的元陵位于陕西省富平县西北15公里的檀山上。

据《旧唐书·令狐峘传》中载："德宗即位后，曾诏立代宗元陵制度，务极优厚，当竭币藏奉用度。遭到令狐垣的反对，德宗从之，只好从俭埋葬。"由此可见，元陵的陵寝建制已经大不如先帝，也反映出唐自"安史之乱"后政治、经济的状况是日益走下坡路的。

元陵陵园的石刻与建陵相同，但制造得比较粗疏，现仅存陵园东、西、北神门外的石狮和北神门外石马残块。石狮形制、大小与泰陵相同。北神门外有石马5个，均残破。东西列仗马间距30米，西列南数第一个在阙址北27米，第二个在第一个北23.5米，第三个在第二个北24.5米；东列南数第一个在阙垟北65米，第二个在第一个北12米。

第三篇

清正廉洁奉公

羊续廉明勤政

羊续（142—189），字兴祖。泰山平阳人。出身于官僚世家，父亲羊儒在汉桓帝时官至太常，负责朝廷礼仪。由于其父的恩荫，羊续年纪轻轻就官拜郎中，经过四次升迁后，官至庐江（今江西）太守。后任南阳太守，征入后为太常。羊续施政清平，为官清廉俭朴，府中资藏只有布衾、盐、几斗米而已，素有穷官之称。

羊续生于东汉末年。当时，东汉的宦官、外戚轮流执政，官场贿赂成风，腐败现象日益严重，社会矛盾加剧，天下混乱，民不聊生，著名的黄巾起义就爆发在这个时候。

东汉中平三年（186年），羊续任庐江太守。他首先领兵镇压了南阳的越慈叛乱，为百姓办了不少好事，后来被提拔为南阳太守。当时的南阳有许多权豪之家，彼此间相互礼贿。作为地方长官，看到这种现象，羊续感到十分痛心，下决心要以自己的清俭来抵制社会上的浮华之风气。

"吏不畏吾严而畏吾廉，民不服吾能而服吾公，廉则吏不敢慢，公则民不敢欺。"羊续正是恪守了这一从政戒律，廉洁耿直，为民众所钦服。

羊续虽然官居太守，但一生"敝衣薄食，车马羸败"，生活十分简朴。初到南阳赴任时，他布衣简从，只带了一名书童，坐着牛车，风尘仆仆地前来上任。百姓闻之，都感到有些不可思议，谓之"神话"，因为谁也没有见过堂堂太守有这样行装上任的。

每到一个地方，羊续都必定先邀请当地的百姓促膝谈心，情同一家。就这样，他还没有登上官府衙门，就已经将南阳当地的风土人情和官吏们的政绩情况摸得清清楚楚了。那些往常为非作歹的贪官污吏十分恐慌，再不敢肆意妄为了，南阳的政风也很快得到了治理。当地百姓拍手称好，朝廷也对羊续的政绩大加赞誉。

羊续为官期间，衣食住行都和寻常百姓无异，做官多年，妻儿一直住在乡下，耕田种地，过着粗茶淡饭的苦日子。羊续的官越做越高，政务日渐繁忙，回家的次数也越来越少。有一次，羊续的妻子思夫心切，便带着儿子羊秘从太山平阳千里迢迢来探夫。时任太守的羊续却没有专门的府第，仍住在郡府的一间小屋里。久别的妻儿历尽艰难，风尘仆仆而来，可羊续却闭门不见，而是派人打发娘俩回去。年幼的儿子哭着哀求要留下时，羊续无言以对，只好领着妻儿到自己的住处。只见家徒四壁，除了一条粗布被，两件旧短衣，一点儿盐和几斛麦子之外，什么都没有。他流着泪愧疚地对妻子说："你看我这日子，哪能养活得了你们娘俩呀！"妻子闻言，掩面而泣，当天就带着儿子返回了老家。

北宋史学家司马光曾说过："有德者，皆由俭来。"羊续在南阳为官三年，家无长物，身无余财，两袖清风，却做了大量让百姓拥戴、让朝廷喜悦的业绩。

中平六年（189年），汉灵帝想把羊续调到朝廷里当太尉，主管军事，位居三公之重。按照惯例，官拜太尉、司徒、司空的官员，都要向东园缴纳数千万的礼钱。汉灵帝便派使者"左驺"监督此事，凡是左驺所到之处，当地官员都盛情款待，厚礼相赠，礼遇非常。但是，羊续却根本无力尽这些铺张之事，只拿出一张单草席，备了一点儿薄酒招待使者。

吃惯了珍馐美味的使者对羊续的招待感到十分意外，但也只好勉强落座，等羊续提礼钱之事。可羊续真是一个铜板也拿不出来，他举起胳膊让使者看：身上的那件棉袄早已被磨得千疮百孔，连棉絮都快掉下来了。他坦然地对使者说："我的全部资财，仅有这件袍子而已。"

没拿到分文礼银的使者回去后，便向汉灵帝如实作了报告。灵帝根本想不到一个太守竟然会穷窘到如此地步。但他没有为羊续的清廉所感动，反而觉得如受辱一般，龙颜不悦，撤销了羊续的太尉任职之命，只给了他一个太常的职位。可还没等到上任，忧愤成疾的羊续便病故了，时年仅48岁。

羊续临终前，曾嘱咐属下，自己死后要草敛薄葬，一切从简，切莫大操大办，浪费国家财物。按当时朝廷的规矩，像羊续这样的官职，死后葬金可达100万缗（串）。但羊续临死前交代过，这钱家人一文都不能要，全部上缴国库。别人赠送的礼钱，也都一律退还。官居太守，死时冷冷清清，像其生前一样，只以清灯和旧服相伴，这是不多见的。

曾经两次给羊续送鱼而受其教育的府丞焦俭，闻羊续去世后悲痛不已，亲自为羊续治丧。就连一度曲解羊续的汉灵帝也闻之感动，敕令厚葬羊续。

▢故事感悟

羊续的清廉成了史学家笔下"廉吏"的典范，《后汉书》也曾为羊续专门立传。明朝于谦曾经吟诗称赞羊续："喜剩门前无贺客，绝胜厨传有悬鱼。清风一枕南窗卧，闲阅床头几卷书。"可谓是羊续克己廉明一生的真实写照。

■史海撷英

羊续悬鱼

有一天，羊续的属下府丞焦俭见羊续生活过于清苦，便给他送来一条活鲤鱼。面对这条"礼鱼"，羊续真是感到左右为难：不收吧，对不住焦俭的一片好心；收吧，又有违自己为官廉洁的道德规范。然而焦俭的盛情难却，羊续无奈之余，只好暂且收下。

可等焦俭一走，羊续就命下人把这条鱼挂在庭檐下。没过几天，鲜活的鲤鱼就成了一条枯鱼干，在屋檐下飘来荡去，羊续也不让人取下来。

直到有一天，焦俭又笑嘻嘻地拎着更大的一条鲤鱼来拜访羊续。羊续也不说话，只是笑着指了指庭檐下悬挂着的那条鱼，轻轻地摇了摇头。焦俭看着这条丝毫没有动过的枯鱼干，顿时领悟到了太守的一片苦心，只好红着脸收起鱼退了出去，从此再也不敢给羊续送东西了。

这件事传开之后，府吏们都为羊续的高风亮节所折服，以后再不礼赂他了。"羊续悬鱼"的典故也从此流传开来。

■文苑拾萃

后汉门羊续

（唐）周昙

鱼悬洁白振清风，禄散亲宾岁自穷。
单席寒厅惭使者，葛衣何以至三公。

陶侃克己奉公

陶侃（259—334），字士行（或作士衡）。鄱阳（今江西鄱阳）人。汉族。中国东晋时期名将，大司马。初为县吏，渐至郡守。永嘉五年（311年），任武昌太守。建兴元年（313年），任荆州刺史。后任荆江二州刺史，都督八州诸军事。他精勤吏职，不喜饮酒、赌博，为人称道。

"飘摇风雨满神州，日下江河乱未休；戡定荆州非易事，论功应独让陶侯。"这是后人颂扬陶侃的诗。

陶侃出生于三国末年，成长于西晋初期，主要生活在两晋交替之时。当时，司马氏虽然统一了中国，但北方的少数民族崛起，频繁南侵；内部又分崩离析，矛盾重重。陶侃就是在这样的战乱年代成长起来的。

陶侃一生共从军41年，历经百战，勇冠三军。晋明帝时期，他被任命为征西大将军，都督荆、湘、雍、梁四州诸军事。陶侃率重兵扼守在东晋都城建康（今南京）上游的战略要地，可谓权重一时。

但是，陶侃从不居功自傲，而是勤政清廉。而且陶侃还能以身作则，教育自己的部下，告诫他们珍惜光阴，爱护百姓。这也是他的部队能经常打胜仗的重要原因。

陶侃死后，尚书梅陶说："陶公机神明鉴似魏武（曹操），忠顺勤劳似孔明（诸葛亮），陆抗诸人不能及也。"将他与曹操、诸葛亮相比并，其评价也够高了。

陶侃一生战斗的事迹很多，下面记述的仅是他勤政清廉方面的一些片断。

陶侃每日勤于政务，事无大小，都要亲自过问，信函往来，他也都自己动笔。有人来访，他总是不厌其烦地亲自接待。他也从不随意收受别人的礼品，有人送礼来，他都要问个一清二楚。如果是送礼人辛勤劳动所得，不论东西贵贱，他都非常高兴，以后找机会加倍奉还；如果是非正当得来的东西，他不但严词拒绝，而且加以斥责。没多久，陶侃就把广州治理得很好，百姓们安居乐业，无不称赞他的贤明。

政局无事，社会安定，部属们却发现了一件奇怪之事：陶侃派人找来了100块沉重的大砖，每天清晨，陶侃把砖头一块块搬出室外，到了傍晚，又一块块搬回室内。每一次都搬得满头大汗，而且天天如此，从不间断。有人想帮他，陶侃总是笑着拒绝了。部属们议论纷纷，谁都猜不出陶侃这样做的用意。

有一位部属终于忍不住好奇心，鼓起勇气去问他，陶侃沉重地说："北方多事，国土沦丧，我辈立志要致力中原，收复失地，如果终日耽于安乐之中，就会将意志消磨。我这样做，正是为了提醒自己，不要有一刻忘记自己的使命。"众人这才恍然大悟。

陶侃搬砖以自励，一直坚持很久，回到荆州以后，他已经年过花甲，还坚持这么做。他的行为不但锻炼了自己，也激励了他的部属。

316年11月，西晋灭亡。第二年春天，琅琊王司马睿在建康（今南京）称晋王，一年后称帝，史称为东晋。东晋王朝主要依靠南迁的王、谢诸家士族，尤以王家的势力最大。司马睿登基受百官朝贺时，竟然命王导升御床共坐。王导再三辞谢，才罢。所以当时有民谚说：王与马，共天下。

王导的堂兄大将军王敦掌管兵权，却妒贤嫉能，飞扬跋扈，后来干脆以清君侧为名，于322年举兵反叛朝廷，给脆弱的东晋带来了新的内乱。这场内乱持续了3年之久，方得以平息。皇帝素知王敦嫉妒陶侃的才能，王敦之反平定后，便任陶侃为征西大将军、荆州刺史，都督荆、雍、益、梁诸军事。荆州一带的百姓听说陶侃要回来任职，无不欢欣鼓舞，相互庆贺。

虽然得到百姓的如此爱戴，陶侃却不敢沾沾自喜，他谦恭近礼而又心思细密。

在武昌任上，陶侃号召部下种柳。都尉夏施偷懒，悄悄地将官家已经种好的柳树移栽到自己的营前。后来，陶侃的车驾经过此地，突然命令停车，指着那些树说："这不是武昌西门前的柳树吗？是谁偷种到这里来了？"夏施没想到陶侃如此心细，连忙谢罪。

有一年夏天，陶侃到郊外出游，半路上看见一个人手里拿着一把尚未成熟的稻子，边走边玩。陶侃奇怪地问这个人："你拿着稻子干什么？"

这个人说："不干什么，不过在路边看见了感到很好玩，就随手采了一把。"

陶侃一听，大怒道："你这人好没道理，既不耕田种稻，又任意毁坏粮食，实在可恶至极！"便命人将这人狠狠鞭打了一顿。这件事很快就传开了。百姓们见陶太守这么爱护农作物，更为勤恳耕作。

陶侃对物资也十分爱惜，不肯浪费一分一毫。江边造船，船工总把锯下的木屑和截断的竹头当废物，任意抛弃。陶侃见了，就命人将这些东西都收藏起来，不少人都在背后悄悄地笑他吝啬。

这年冬天，下起了大雪。雪后初晴，路上又结起了冰，很滑，行人跌倒的不少。陶侃叫人将收藏的木屑取来撒在地上，路就不再滑了。

桓温伐蜀时，急着要造一批大船，铁钉不够，陶侃命人把自己收藏的竹头削成竹钉，又派上了大用场。到这时，背后悄悄笑他的人才明白陶侃不只是节俭，还是有远见卓识的。

陶侃在荆州积极为北伐做准备，而东晋王朝内部却偏安于江南，不思进取，而且内乱不止。陶侃东征西讨，大多为解决内部纷争。陶侃见自己年事日高，且北伐无望，禁不住长叹不已。328年，叛将苏峻攻破东晋京城建康，占领皇宫，把持朝政，驱役百官，残害百姓，还把陶侃的儿子陶瞻也杀害了。已经年逾古稀的陶侃再次被拥戴为首领，于是他率大军沿江东征。叛乱平息以后，陶侃的官职升为侍中、太尉，并封为长沙郡公，都督七州军事。

连年征战，又加上辛勤操劳，年事已高的陶侃终于支持不住了，但他仍在坚持北伐的主张，并派他的儿子陶斌和侄儿陶臻进兵樊城和襄阳。皇帝因此拜他为大将军，可以"剑履上殿，入朝不趋，赞拜不名"。谦恭的陶侃赶紧上表逊让，不肯接受。

东晋咸和九年（334年）六月，陶侃病况日益加重，就向皇帝呈了一封辞官的表章，表中仍然念念不忘收复中原失地："余寇不诛，山陵未反，所以愤忾兼怀，不能已已。""愿陛下速选臣代使，必得良才，奉宣王猷，遵成臣志，则臣死之日犹生之年。"

陶侃知道自己生命已经不长了，便将府中的军资器仗、牛马舟车全部封存，仓库的钥匙放在自己的身边，直等到自己信任的官吏王愆期来到了，才将钥匙移交给他。自己一无所私，在家人的扶持下登车出府，到江口上船，驶往自己的封地长沙。王愆期一直送他到江口，与陶侃洒泪相别。陶侃却笑笑说："这次恐怕是要永别了。"

在出发的第二天，船到樊溪，陶侃的生命便在浩浩的江涛声中熄灭了，终年76岁。皇帝下诏，给了他很高的评价："经德蕴哲，谋猷弘远。作藩于外，八州肃清。勤王于内，皇家以宁。"

□故事感悟

陶侃为国勤勤恳恳、克己奉公的品德令人敬佩。在东晋高门士族统治下，官场糜烂腐败成风，陶侃却不受所染，政绩卓著，更显得相当可贵。

□史海撷英

陶侃送客百里

范逵是陶侃的一位朋友。有一次，范逵到陶侃家做客，第二天早晨，范逵告辞上路，陶侃送了一程又一程，都快要送到百里之外了。范逵说："路已经走得很远了，您该回去了。"陶侃还是不肯回去。范逵说："你该回去了。我到了京都洛阳，一定给你美言一番。"陶侃这才回去。范逵到了洛阳后，就在羊晫、顾荣等人面前称赞陶侃，使他广泛地获得了好名声。

徐勉严于律己

徐勉（466—535），字修仁。祖籍东海郯县（今山东郯城县）。南朝梁政治家、一代忠臣。年轻时曾在齐朝做过镇军参军、尚书殿中郎、领军长史，这些都是古代秘书性职务。萧衍建立梁朝前后，他又担任过管书记、中书侍郎、谘议参军等秘书性职务。他居官清廉，不营产业，勤于政事，家无蓄积。

徐勉是历史上一位十分有名的清官。年轻的时候，他就担任过尚书殿中郎、谘议参军等职务。梁朝建立后，梁武帝对徐勉十分器重，将他从中书侍郎升迁到中书令，此后屡居高位。可贵的是，他始终为官耿直，淡泊名利，操守高洁，正史中记载了他许多清正廉洁的故事。

据《梁书》记载，有一天晚上，徐勉邀请友人相聚。席间，一位名叫虞皓的客人向徐勉求官，徐勉正色地说："今夕止（只）可谈风月，不宜及公事。"虞皓讨了个没趣，只得讪讪地告辞了。时人都对徐勉的无私佩服之至，便送其雅号"风月尚书"。"止谈风月"也就成了一个有名的历史典故。

徐勉居官吏部，多有建树，但他从不居功自傲，一生淡泊名利。为官几十年，他从没有经营自己的产业，家里也没有积蓄，俸禄大多都用于资助贫穷的亲戚朋友了。

看到徐勉家中如此清贫，一些好心人便劝他为子孙后代着想，经营产业。徐勉回答说："人遗子孙以财，我遗之以清白。"古往今来，父母大多遗留给子女的往往是多多益善的物质财富，这种父母看似爱子女，实则害之，最终只会使子女滋长依赖心理，从而丧失独立创业的勇气和能力。徐勉清醒地意识到了这一点。

徐勉去世后，梁武帝为失去这样一位重臣而悲痛流涕。他车驾临殡，给这位廉臣以极高的殊荣。陈朝吏部尚书姚察说："徐勉少而厉（砺）志忘食，发愤修身，慎言行，择交游。及居重任，竭诚事主，动师古始，依则先王，提衡端轨，物无异议，为梁宗臣，盛矣。"

■故事感悟

徐勉严于律己，行事公正而谨慎，节俭不贪，而且以这种作风教育后代。克己清廉一生的他非常受人尊敬，也为后人深深怀念。

■史海撷英

群犬惊吠，亦是传中一事

梁天监二年（503年），徐勉被梁武帝任命为给事黄门侍郎、尚书吏部郎，参掌大选。这时，梁朝建立才一年多，梁武帝又兴师北伐，因此朝中的政务军务非常繁忙。徐勉此时虽然已是吏部的重要官员之一，但由于他是秘书出身，极有文才，为了不延误军机，梁武帝便让他"参掌军书"。

徐勉是个十分勤勉的人，工作本身也很忙，因此他常常要隔几十天才回家一次。他的家中养了一群狗，因为他平时回来的次数太少，这些狗都不认得自己的主人了，所以徐勉每次回来，这群狗都要狂吠一番，完全把主人当成了陌生人。徐勉既感到好笑，又觉得无奈。有一次，他感叹说："吾忧国忘家，乃至于此。若吾亡后，亦是传中一事。"后一句的意思是："我死了后，如果有人写我的传记，群犬惊吠倒是件值得一记的轶事。"

■文苑拾萃

采菱曲

（南北朝）徐勉

相携及嘉月，采菱度北渚。
微风吹棹歌，日暮相容与。
采采不能归，望望方延伫。
倘逢遗佩人，预以心相许。

隋文帝向刘行本道歉

隋文帝杨坚（541—604），隋朝开国皇帝。汉族。弘农郡华阴（今陕西省华阴市）人。他在位期间，成功地统一了百年严重分裂的中国，开创先进的选官制度，发展文化经济，使得中国成为盛世之国。文帝在位期间，隋朝疆域辽阔，人口达到700余万，是人类历史上农耕文明的巅峰时期。杨坚也成为西方人眼中最伟大的中国皇帝，被尊为"圣人可汗"。

因为一件小事，隋文帝杨坚对朝廷一名官员十分恼怒，命令人用棍棒在大殿前痛打这个官员。

谏议大夫刘行本走上前来说："这个人平时很洁身自好，这次犯下的错又不大，希望陛下宽容些。"

隋文帝转过身去，对他毫不理睬。

于是刘行本正面对着文帝，严肃地说："陛下看得起我，才把我安置在您的身边任职。我如果说得对，您就应该听；如果说得不对，就可以把我送到大理寺去治罪，怎么能这样轻视我而不加理睬呢！"

说完，刘行本把笏板往地上一放，转身就走了。

隋文帝见此情景，立刻收起恼怒的神态，赶忙向刘行本道歉、认错，并且饶恕了那个挨打的官员。

■故事感悟

当着皇上的面摔笏板，这种举动在历史上并不多见，刘行本可谓第一人了。他忠君为国，克己勤政，宁愿开罪皇上也要坚持进谏。

■史海撷英

杨坚修订《开皇律》

北周时期，国家的法律制度既残酷又混乱，"内外恐怖，人不自安"。在杨坚掌握北周政权时，就曾进行过一些改革，还亲手删定了《刑书要制》，但改革得并不彻底。

隋朝建立后，开皇元年（581年），隋文帝杨坚又下令命参考魏晋旧律，制订《开皇律》。开皇三年（583年），杨坚又命苏威、牛弘等修改新律，删除法律中的苛酷条文。《开皇律》将原来的官刑（破坏生殖器）、车裂（五马分尸）、枭首（砍下头悬挂在旗杆上示众）等残酷刑法予以废除，而且规定一概不用灭族刑。减去了死罪81条，流罪154条，徒、杖等罪千余条，保留了律令500条，刑罚分为死、流、徒、杖、笞五种，基本上完成了自汉文帝刑制改革以来的刑罚制度改革历程，这就是封建五刑制。

死刑复奏制度是从开皇十五年（595年）形成定制的。隋文帝规定，凡是判处死刑的案件，须经"三奏"才能处决死刑。《隋书·刑法志》中有记载说："（开皇）十五年制，死罪者三奏而决。"隋文帝还下诏："天下死罪，诸州不得便决，皆令大理复治。"

《开皇律》修订后，对后世律法产生了深远的影响，唐朝时期，基本都继承了隋文帝杨坚所修订的法律。

隋门·隋文帝

（唐）周昙

孤儿寡妇忍同欺，辅政刚教篡夺为。
矫诏必能疏昉译，直臣诚合重颜仪。

裴侠清正奉公

裴侠（？—559），字嵩和。河东解（今山西临猗县）人。祖父裴思齐曾在北魏时任议郎。父亲裴欣为西河郡守，死后得晋州刺史的名号。裴侠虽以门资解巾赴任，以致官达公卿之位，然而他官高不失其志，一生为政清廉，生活俭朴，克己爱民，所在州郡人民感其遗爱。

裴侠年幼就很聪慧，后来州里征召他做了主簿。大统三年（537年），他带领乡兵在沙苑随从作战，身为先锋冲入敌阵，（北周）太祖称赞他勇敢坚决。为了嘉奖这位勇敢果断的将领，周文帝特为他改名为"侠"，并提升他为侯爵，封邑800户，任命为行台郎中，后又任命为河北郡太守。

裴侠自身的生活也十分俭朴，平时吃的只有豆麦咸菜，官吏百姓都很敬仰他。根据这个郡先前的制度，郡里安排了30个捕鱼打猎的人来供应郡守鱼肉，可裴侠却说："我用不着别人来侍候我。靠别人供养，是我最不愿意的事。"于是，他并没有用这30人，而是让这些人尽其所长，去从事生产了。

郡里又安排了30个成年男子供郡守役使，裴侠也不接受，而把雇佣他们的钱用来为官府购买马匹，供打仗和运输之需，以减轻百姓负担。日积月累，官府里就有了成群的良马。裴侠离任的时候，什么都不拿，百姓都歌颂他说："裴公坚贞仁惠，成为世人的标准。"

裴侠曾与几个州的州长太守一起拜见周太祖。太祖命令裴侠站在一旁，然后对几个州的州长太守说："裴侠清廉谨慎，遵照法纪执行公事，是天下最好的。现在众人中如果也有像裴侠这样的人，可以和他一起站着。"众人都默然，没有敢应答的。于是太祖重重赏赐了裴侠，朝廷和民间都赞叹佩服，称裴侠是"独立君"。

孝闵帝登基后，提升裴侠为民部中大夫。当时，有一些不法官吏经常趁管理仓储财物之便隐瞒贪污。等裴侠到任后，振作精神，揭发检举，不久，不法官吏就都受到了惩处，这类事情也不再发生。

后来，裴侠又调任工部中大夫。当时有个掌管钱物的李贵在府中悲伤哭泣，有人问他原因，他回答说："我掌管的官府财物有很多被我耗费占用了，裴公清廉严明，我害怕遭到重重的责罚。"裴侠听到这件事后，允许他自首，李贵坦白承认自己贪污了500万钱。

裴侠曾因生病疲惫不振，大司空宇文贵等人便一起来探望裴侠。他们看到裴侠所住的房屋都不能躲避风霜，因此回去后，便如实地报告给了皇帝。皇帝立即下令为裴侠建造房屋，并且赐给他十顷良田。

■故事感悟

裴侠在任地方官时，破除旧例，既减轻了百姓的劳役之苦，又为官府积累起一笔颇为可观的财富，而自己的生活却极为俭朴，"所食唯菽麦盐菜而已"，即使在历任要职后，住宅仍"不避风霜"。正是因为这种清廉的作风，他才赢得了"爱民如子"的美称，也才能使奸吏闻风而泣。

他以清慎奉公之行成为一时之最，确实无愧于先人的清正传统，并能有所发扬光大。

周太祖好节俭

周太祖郭威在位期间，非常提倡节俭。他自己的生活也异常俭朴，衣食住行都很朴素。他还下诏禁止各地进奉美食及地方土特产品，更不要人们献珍宝一类的物品，尽量减轻人民的负担。

周太祖经常对大臣们说："朕出身微寒，尝尽人间疾苦，也经历了国与家的灾难，现在当了皇帝，怎么能养尊处优拖累天下百姓呢？"他不仅不让进奉的宝物入宫，还让人将宫中的珠宝玉器、金银装饰的豪华床凳、金银做的饮食用具等一共几十件，当众打碎在殿廷之上。太祖经常对侍臣说："那些帝王，怎么能用这种东西？"

周太祖临死前还念念不忘节俭，郑重地留下遗言说："你们一定要为我薄葬，不要强征民工，也不要宫人为我长年守陵。陵寝不用石柱，枉费人力，用砖瓦代替就行，用瓦棺纸衣下葬。不要石人石兽，只需立一块碑，刻上这些字：'大周天子临晏驾时和要继位的皇帝有约，只因平生喜欢俭朴，所以只让用瓦棺纸衣下葬。'如果违背此言，阴灵也不相助。"

周太祖这样做并不是标新立异，而是为汉文帝的节俭所感动。他又见唐朝皇帝们的陵墓都造得很豪华，不但费尽钱物和人力，还遭到盗墓者的破坏，而汉文帝的霸陵却至今完好无损。

张玄素犯颜纳谏

张玄素（？—664），唐蒲州虞乡（今山西永济）人。贞观十八年（644年），张玄素被朝廷起用为潮州刺史，后又转迁邓州刺史。到唐高宗永徽年间（650—655年），他以年老致仕。龙朔三年（663年），加授银青光禄大夫，麟德元年（664年）去世。

张玄素是唐太宗时期的著名谏臣，历任侍御史、给事中、太子右庶子等，与魏征、马周等人同为开创"贞观之治"进谏献策，被誉为"感义忘身"的"忠纯"之臣。

张玄素一生为官清廉。他本是隋朝的一名小吏，隋末被农民起义军窦建德部所俘。当窦建德要杀他时，当地有1000多名百姓前来为他求情，说："此人清慎若是，今倘杀之，乃无天也。"于是窦建德放了他，并拜他为重要官员。

唐太宗李世民久闻张玄素之名，即位后不久就召见他问政。张玄素分析说，隋朝灭亡的根本原因就是由于皇帝专断、法律混乱，皇帝身为"万乘之重，又欲自决庶务，日断十事而五条不中，中者信善，其如不中者何？"

张玄素认为，日理万机难免会出差错，甚至出差错的概率在一半左右，然后进一步说："况一日万机，已多亏失，以日继月，乃至累年，乖谬既多，不亡何待？"因此，他提出对策："如其广任贤良，高居深视，百司奉职，谁敢犯之？"

张玄素劝告唐太宗，不要迷信于日理万机，更不要专断独行，而要广纳贤能，充分发挥国家机构的职能作用。唐太宗十分赞成他的意见，任用他为侍御史。

贞观四年（630年），唐太宗下诏修建洛阳宫乾阳殿，以备巡幸。张玄素不顾自己的生命安危，上书谏止，劝导太宗要吸取秦朝灭亡的教训，"弘俭约，薄赋敛"，安定国家。他说，如今国家刚刚建立，生产还在恢复之中，如果大兴土木，那皇帝就连隋炀帝都不如啊！

唐太宗听到张玄素把自己和昏君隋炀帝相比，十分生气，就质问他说："卿谓我不如炀帝，何如桀、纣？"

张玄素当仁不让，大义凛然地回答说："若此役不息，亦同归于乱耳。"

作为一代名君，唐太宗是具有海纳百川的心胸的，因此他很快冷静下来，感慨地对房玄龄说："以卑干尊，古来不易，非其忠直，安能若此？"当即下诏罢除此役。

魏征知道这件事后，赞叹张玄素："张公论事，遂有回天之力，可谓仁人之言哉！"

后来，唐太宗又派张玄素辅佐教诲太子承乾。张玄素针对太子"游畋废学""久不坐朝"等屡次上谏，忠心耿耿。太子不但不采纳，反而还多次派人加害于他。承乾被废后，张玄素也受到连累而被罢官。但是，唐太宗知道这不是他的过错，因此又重新起用了他。后来，唐高宗、武则天都相继为张玄素加封赏赐。

作为一名朝廷命官，积极劝诫皇上不要做那些有害百姓的事情，虽然惹得皇上不高兴，有时甚至十分愤怒，但张玄素并不畏惧，而是更加耿直上言。他这种不顾个人安危、为国勤政的作风在我们当今社会也应当提倡！

■史海撷英

张玄素受任

隋末天下大乱，群雄四起，活动于今河北地区的窦建德攻陷景城，俘获了张玄素，准备杀了他。

这时，城中有千余人请求代张玄素而死，并对窦建德说："此人清慎若是，今傥杀之，乃无天也。"

窦建德听后，忙命人给张玄素松绑，并封他为治书侍御史。但是，张玄素却以隋臣自居，拒不受封。后来，张玄素听说隋炀帝在江都被杀，才接受了窦建德委任，为黄门侍郎。

唐灭窦建德后，张玄素归唐，被授予景城都督录事参军。

■文苑拾萃

望终南山

（唐）李世民

重峦俯渭水，碧嶂插遥天。
出红扶岭日，入翠贮岩烟。
叠松朝若夜，复岫阙疑全。
对此恬千虑，无劳访九仙。

萧瑀耿直纳谏

　　萧瑀（575—648），字时文。祖籍南兰陵（今江苏常州武进区）人。自幼以孝行闻名天下，且善学能书，骨鲠正直，并深精佛理。曾任银青光禄大夫，参决要务，后来由于屡屡上谏忤旨，渐为隋炀帝疏斥。特别是萧瑀谏炀帝应该舍高丽而防突厥，引起杨广震怒，将其贬放为河池郡守。

　　萧瑀出身名门望族，性格端正耿直，因而深得唐高祖李渊和唐太宗李世民的信赖，历任户部尚书、御史大夫、尚书右仆射等职。

　　然而，在唐太宗贞观年间，萧瑀却三次被罢官，又三次复官。

　　贞观初期，有一次，萧瑀在朝堂上与大臣陈叔达发生争执，声色甚厉，以在御前不恭而被免官。不久，他又被重新起用，任御史大夫。

　　萧瑀论议明晰，但有时难免偏驳不通，持法稍深，因此房玄龄、魏徵、温彦博等唐太宗所依赖的知名大臣如果稍有错误，萧瑀就会加以痛劾。后来他被罢免御史大夫，改任太子少傅，不再预闻朝政。

几年后，唐太宗又重新起用他，复令他参与朝政，但是，萧瑀仍旧固执介直，每当面见皇帝，总是无休止地说"（房）玄龄辈朋党盗权"，还认为皇帝偏袒。唐太宗心里不快，但终以其忠贞居多而未废。

恰巧在这时，萧瑀信佛，要求出家，唐太宗便顺水推舟地批准了他的请求，没想到萧瑀转而又反悔了。这件事完全激恼了唐太宗，于是下诏夺萧瑀爵位，降其为商州刺史。

贞观二十一年（647年），唐太宗又复封萧瑀为宋国公。

萧瑀始终忠贞耿介，唐太宗曾经感慨地对房玄龄说："此人（萧瑀）不可以厚利诱之，不可以刑戮惧之，真社稷臣也。"

唐太宗还专门赐给他一首诗，以"疾风知劲草，板荡识诚臣"作为对他的高度评价。

贞观十七年（643年），唐太宗还把萧瑀同长孙无忌等24名功臣的画像挂于凌烟阁，以示褒赏。唐太宗征伐高丽时，任命萧瑀为洛阳宫守，把守护老家的任务委托予他，可见对他的高度信任。

■故事感悟

萧瑀一生为官清廉，不畏权势，在官场几起几落但仍不改耿直劝谏的秉性，他曾临终留下遗言："生而必死，理之常分。气绝后可著单服一通，以充小敛。棺内施单席而已，冀其速朽，不得加一物。"如此遗言，更体现出他克己为国的伟大形象！

■史海撷英

唐高祖器重萧瑀

唐高祖李渊在位期间，十分器重萧瑀。刚刚进京定位，就遣书招致萧瑀，授他光禄大夫职位，并封宋国公，拜户部尚书。

李渊之所以这么器重萧瑀，一是因为萧瑀为人正直，二是因为累世金枝玉叶，三则是因为他又是皇后独孤家族的女婿。因此，李渊以心腹视之，每次临朝听政，都赐萧瑀升于御榻而立，亲切地呼之为"萧郎"。唐朝草创，以萧瑀最熟识国典朝仪，他又孜孜自勉，留心政事，故而也深得李渊的信任。

■文苑拾萃

嘲萧瑀射

（唐）欧阳询

急风吹缓箭，弱手驭强弓。
欲高翻复下，应西还更东。
十回俱著地，两手并擎空。
借问谁为此，乃应是宋公。

唐太宗说杜淹

　　杜淹（？—628），字执礼。京兆杜陵（今陕西长安区东北）人。隋大业末，官至御史中丞。入唐，为天策府兵曹参军，文学馆学士，坐事流越巂。太宗立，召拜御史大夫，寻判吏部尚书，参议政事。《全唐诗》存其诗三首，《全唐文》存其文一篇。生平事迹见《旧唐书》卷六十六、《新唐书》卷九十六。

　　杜淹是唐朝著名宰相杜如晦的叔父，他聪辩多才，因而深得唐太宗李世民的赏识，历任御史大夫、吏部尚书等职。

　　有一次，杜淹向唐太宗提议说："中央各部门起草的公文可能会有差错，应该派御史前去检查。"

　　唐太宗征询宰相封德彝的意见，封德彝说："国家设立官职有其明确的职责，官员如果有违法的地方，御史自应弹劾纠举。但是如果遍索公文，吹毛求疵，那样就太苛刻了，而且超越了御史的职能，有侵犯其他机构职能之嫌。"

　　杜淹听完封德彝的这番话后，便默不作声。唐太宗问他为什么不申辩，杜淹回答说："封德彝说的话有道理，臣诚心信服，没有什么话可讲了。"

李世民非常高兴，说："公等各能如是，朕复何忧？"

后来，杜淹改任吏部尚书。他前后推荐了40余人，这些人中有许多后来都成了知名官员，为国家作出了重要贡献。

有一次，杜淹推荐刑部员外郎郎怀道。

唐太宗问："怀道才行如何？"

杜淹回答说："怀道在隋朝时做吏部主事，'甚有清慎之名'。有一次，隋炀帝准备去江南巡视，召见百官询问去留之计。众大臣察言观色，阿谀奉承，都赞成此行。只有怀道，虽然官小位卑，独言不可。"

唐太宗又问："你当时是什么意见啊？"

杜淹如实回答："臣从众。"

唐太宗批评说："侍奉君主，可以犯颜，但不该隐瞒自己的意见。你称赞郎怀道，但是为什么自己不直谏呢？"

杜淹回答说："臣当时位卑言轻，又知道谏必不从，徒死无益。"

唐太宗说："孔子说过，从父之命，未必是孝子。所以，'父有争子，国有争臣'。你既然认为隋朝的君主是个无道之君，那为什么还要做隋朝的臣子呢？一边吃着隋朝的俸禄，一边又不尽职尽责，这能算忠臣吗？"

于是，唐太宗对群臣说："你们大家讲一讲历史上进谏的故事吧。"

宰相王珪回答说："商朝的时候，比干向纣王进谏被杀，孔子称赞比干，谓其'仁'。国家的大臣责任重大，俸禄优厚，理当极谏；小官地位卑下，声望也轻，允许其从容一些。"

唐太宗又对杜淹说："你在今天可以说是身负重任，愿意极谏吗？"

杜淹回答说："臣在今日，必尽死无隐。"

杜淹病重后，唐太宗亲自前往慰问，并赏赐帛300匹。贞观二年（628年），杜淹病逝。

■故事感悟

廉如微雨，滋润生机；廉如清茶，褪尽浮华。杜淹克己奉公的作风让我们肃然起敬。这个故事也告诉我们：只有倡导克己勤政，国家才能安宁，百姓才能安居乐业。

■史海撷英

杜淹平反

唐高祖时期，杜淹本来想投靠太子李建成，当时负责选官的封德彝便将这件事告诉了房玄龄。房玄龄担心这会对李世民不利，就推荐杜淹为天策府兵曹参军、文学馆学士。

武德七年（624年），庆州总管杨文干私运东宫铠甲，后来东窗事发，唐高祖大怒，囚禁了李建成。杨文干很害怕，就干脆举兵谋反了，结果被李世民平定。事后，在齐王李元吉的劝说下，高祖释放了李建成，而归罪于杜淹和东宫属官韦挺，将他们流放到嶲州。李世民后来知道杜淹并没有罪，便赠予他黄金300两。

武德末年（626年），玄武门之变爆发后，李世民即位，随即便召回杜淹，拜其为御史大夫，封安吉郡公，赐实封四百户。